TAINE

HISTORIEN ET SOCIOLOGUE

OUVRAGES DU MÊME AUTEUR

———

La Famille dans le Monde romain. Un vol. in-8. Vigot, 1889.

De l'Histoire considérée comme Science. Un vol. in-8. Hachette, 1897.

Introduction à l'Histoire littéraire. Un vol. in-8. Hachette, 1898.

Esquisse d'un Enseignement basé sur la psychologie de l'Enfant. Un vol. in-16. Colin, 1899.

Petite Histoire du peuple français. Edition illustrée. Un vol. in-8. Hachette, 1907.

La Psychologie des individus et des sociétés selon Taine historien des Littératures. Un vol. in-8. Alcan 1906.

———

SAINT-AMAND (CHER). — IMPRIMERIE BUSSIÈRE.

BLIOTHÈQUE SOCIOLOGIQUE INTERNATIONALE
Publiée sous la direction de M. RENÉ WORMS
Secrétaire-Général de l'Institut International de Sociologie

XXXVIII

TAINE

HISTORIEN ET SOCIOLOGUE

PAR

PAUL LACOMBE

INSPECTEUR GÉNÉRAL HONORAIRE DES BIBLIOTHÈQUES ET DES ARCHIVES
MEMBRE DE LA SOCIÉTÉ DE SOCIOLOGIE DE PARIS

PARIS (5°)

V. GIARD & E. BRIÈRE

LIBRAIRES-ÉDITEURS
16, RUE SOUFFLOT ET 12, RUE TOULLIER

1909

BIBLIOTHÈQUE SOCIOLOGIQUE INTERNATIONALE
Publiée sous la direction de M. RENÉ WORMS
Secrétaire-Général de l'Institut International de Sociologie

XXXVIII

TAINE

HISTORIEN ET SOCIOLOGUE

PAR

PAUL LACOMBE

INSPECTEUR GÉNÉRAL HONORAIRE DES BIBLIOTHÈQUES ET DES ARCHIVES
MEMBRE DE LA SOCIÉTÉ DE SOCIOLOGIE DE PARIS

PARIS (5e)

V. GIARD & E. BRIÈRE
LIBRAIRES-ÉDITEURS
16, RUE SOUFFLOT ET 12, RUE TOULLIER

1909

Sans doute, Taine a été historien, au sens strict du mot, mais il a été en même temps, sans conteste, un sociologue. Seulement, il a fait son métier d'historien avec tant d'éclat, qu'aux yeux de bien des gens, l'historien masque et dérobe le sociologue. Et, cependant, dans la pensée, dans les visées de Taine, le sociologue l'emporta toujours sur l'historien. Ses tableaux d'histoire si brillants, si vivants, qu'on admire avec raison, on ne peut pas dire sans doute que Taine les ait composés pour illustrer ses thèses, cela ne serait pas tout à fait exact, mais le fait certain c'est qu'ils furent postérieurs aux thèses ; c'est que Taine entreprenant son histoire avait déjà dans l'esprit ses thèses toutes prêtes, pour expliquer et lier ensemble les faits historiques. Or, ces thèses sont purement de la sociologie. Il fit donc, en quelque sorte, de l'historien puissant qui était en lui l'auxiliaire, le subordonné du sociologue.

On ne peut en douter que si l'on ignore tout à fait ce qu'est la sociologie. Elle n'est pas en dehors de l'histoire, encore moins son opposée, comme quelques historiens, trop jaloux pour le compte de l'histoire purement

Lacombe.   1

narrative, se l'imaginent ; elle est un des aspects de l'histoire, dégagé à part. Dans l'histoire trop exclusivement préoccupée du fait individuel, de l'accidentel, la sociologie réintègre et met à son rang le fait social — ou pour mieux dire, l'élément social, l'influence sociale. Celle-ci est toujours présente ; dans tous les actes produits par l'individu, et qui semblent procéder de lui seul, de son être particulier, une part considérable appartient toujours en réalité à la société environnante. Et maintenant rappelez-vous la magistrale préface de l'« Histoire de la Littérature Anglaise », cette préface où pour la première fois fut exposée, avec un magnifique accent de certitude, la théorie de la race, du milieu et du moment (sans parler d'autres théories secondaires et dépendantes). Qu'est-ce, en effet, que cette théorie de la race, du milieu et du moment, sinon l'affirmation même de la présence constante, du jeu inévitable de l'élément social, extra-individuel, dans la conduite la plus individuelle, la plus particulière en apparence ?

Soyons encore plus précis. — Lorsque Taine nous développe ses idées sur la nécessité d'une chambre haute dans un gouvernement parlementaire, sur la façon de s'y prendre pour recruter les membres de cette chambre ; lorsque partant de la psychologie générale, il nous montre les hommes presque toujours conduits par leurs intérêts privés, par leur égoïsme, et bien rarement par l'instinct social, dont cependant une bonne mesure est nécessaire à la gestion des intérêts publics, mais qu'heureusement il y a un moyen de développer chez ces hommes égoïstes cette mesure nécessaire d'instinct social, et que ce moyen c'est de créer, ou de maintenir, dans l'état, à côté de l'état, sous lui, des corporations de toutes sortes, *ce n'est pas proprement de l'histoire que fait Taine, bien qu'il ait d'abord tiré ces idées de l'expérience historique ; c'est de la sociologie. En effet, de quoi disserte-t-il ? à tort ou à droit (peu importe ici), il nous expose comment, selon lui, l'individu aurait agi s'il avait été livré uniquement aux impulsions de son caractère personnel, et combien sa conduite devient différente, et heureusement différente, lorsque l'influence d'un milieu social, plus ou moins étendu, vient se mêler à ses impulsions propres, se composer avec elles, et produire ainsi une résultante que nous ne pouvons pas espérer de la seule nature individuelle.*

Chez Taine l'idée, le sentiment de l'influence sociale omniprésente sont si forts qu'on a pu dire de lui qu'il était tombé dans l'extrême contraire, — qu'il avait supprimé dans les actes, dans la conduite de l'individu, la part de l'individu même. — Ainsi Taine serait plutôt un sociologue excessif ; et je ne suis pas loin de partager ce sentiment.

J'ai essayé de montrer dans un précédent ouvrage (Psychologie des individus et des collectivités selon Taine) comment Taine avait appliqué ses idées sociologiques, ou, si vous voulez, démontré la justesse de ses idées dans le développement historique de la littérature anglaise. Ici, en ce volume, j'essaye de montrer l'application qu'il en a fait aux phénomènes politiques.

Les faits politiques, sur lesquels son attention fut finalement appelée par son patriotisme, constituent une immense série, rien de moins que le passé de la France antérieur à 1789 (vue dans un violent raccourci), puis la révolution elle-même, et enfin toute la constitution de la société française moderne, issue de la révolution. Ce grand ouvrage, qui dans sa dernière édition forme 12 volumes, je l'ai soumis à un examen critique. Et il se trouve que mon examen est très critique, c'est-à-dire sévère dans ses conclusions. Pourtant, j'en suis sûr, je n'apportais à cet examen aucune prévention contre Taine. J'en sors sans avoir contracté contre sa personne aucun sentiment d'antipathie, ni de mésestime.

Je ne crois pas y avoir mis de la passion.

Ainsi, c'est bien convenu, dans le présent volume, il ne s'agit pas principalement de Taine historien au sens strict du mot, c'est-à-dire de Taine collecteur et narrateur de faits ; je n'y débattrai pas dans quelle mesure Taine a été exact, a été fidèle à la vérité (d'autres ont assumé cette tâche) ; j'essayerai de sonder sa sociologie et d'en éprouver la solidité.

*
* *

A première vue l'ouvrage de Taine se divise nettement en deux grandes parties : Le régime révolutionnaire ; Le régime moderne.

Mon travail, à moi, comprend également deux divisions. Dans la première, qui correspond au régime révolutionnaire de Taine, je tente un examen critique des causes sociologiques assignées par Taine aux évènements ; dans la seconde, qui correspond à son régime moderne, j'examine et je débats les effets sociologiques que Taine attribue aux institutions révolutionnaires, dans lesquelles nous vivons encore.

Il m'a donc fallu toucher, de temps à autre, aux faits mêmes de l'histoire. Cette nécessité entraîne pour moi une autre obligation : afin d'éviter tout malentendu entre mon lecteur et moi, je dois expliquer en quelles dispositions d'esprit j'ai traité ces quelques fragments de l'histoire révolutionnaire. Voici ce que je veux dire : chez un grand nombre de mes coreligionnaires, les républicains, il y a une sorte de naïveté qui les induit à se considérer comme solidaires de tous les hommes de la Révolution que l'histoire a rangés sous l'étiquette républicaine. En vertu de cette croyance à leur solidarité, ces républicains s'imaginent devoir justifier ou excuser tous les actes de leurs prédécesseurs dans la foi républicaine. N'est-ce pas être naïfs que de se laisser duper par une étiquette ? Rien n'est en effet plus commun que de rencontrer, sous un même nom de parti, des hommes incontestablement dissemblables et inégaux par toutes les qualités de leur esprit, de leur caractère, ou par leurs habitudes morales.

Admettons que dans un parti actuel, vivant et agissant, la solidarité soit une nécessité de tactique ; transportée par un historien dans le passé, appliquée à des choses faites et finies, l'idée de solidarité est inadmissible. L'histoire n'est pas l'action, mais le jugement. C'est une science comme la mécanique ou la physique, et il faut la faire dans le même esprit d'impassibilité. C'est là un devoir strict. Il devient facile, ce devoir, à celui-là seul qui a bien reconnu la vérité ci-dessus énoncée, à savoir que l'opinion religieuse ou politique se teint en chaque homme, de sa personnalité morale, plus qu'elle ne la teint. Donc autant de catholiques, autant de catholicismes plus ou moins différents ; autant de républicains, autant de républiques plus ou moins différentes. Donc point de solidarité, au moins de solidarité complète, entre gens de même parti nominal.

Mettons-nous bien dans l'esprit qu'une opinion, quelle

qu'elle soit, croyance religieuse ou credo politique, n'est jamais tout l'homme réel, n'en est qu'une partie superficielle, et très instable. Ce dernier point serait aisé à démontrer, et notamment par la biographie des acteurs de la révolution.

C'est cela qui fait que, dans un parti, il y a toutes sortes d'hommes; il y a des imbéciles et des gredins, comme il y a des honnêtes gens, des gens de talent, parfois de génie.

Il peut sortir par conséquent de ce parti toutes sortes d'actions, accomplies en son nom, des imbécilités et des gredineries, aussi bien que des actions dévouées et des démarches habiles.

Cela les hommes d'un parti l'admettent difficilement pour leurs coreligionnaires, quoique rien ne soit plus évident. Cet aveuglement plus ou moins volontaire est commun à tous les partis.

Républicain actuel, parce que j'estime les institutions républicaines les meilleures pour le milieu actuel, je ne me crois nullement obligé de penser que la république ait été la meilleure des formes politiques à toutes les heures de la révolution, je tiens même que c'est là une opinion fort peu rationnelle. Et je me crois encore moins obligé d'endosser, c'est-à-dire de justifier ou d'excuser les actes de mes coreligionnaires nominaux de l'époque à laquelle j'ai ici affaire.

TAINE
HISTORIEN ET SOCIOLOGUE

LIVRE PREMIER

La Révolution.

CHAPITRE PREMIER

COMMENT SE FONT LES CONSTITUTIONS DURABLES

Si notre dessein était de faire ici de la critique historique ou littéraire, ce serait tout plaisir pour nous que
d'analyser *L'ancien régime*, livre infiniment distingué
par cela que, hautement instructif, il est de la plus agréable
lecture ; œuvre riche et charmante tout à la fois. Mais
nous nous sommes proposé un sujet plus sévère ; il s'agit
pour nous d'examiner les théories ou thèses psychologiques que *L'ancien régime* nous présente.

Dans la pensée de Taine, elles étaient, ces thèses, la
partie la plus importante et comme les assises de son
livre : nous les examinerons dans l'ordre même où elles
nous sont données.

En 1849, Taine vient d'atteindre ses 21 ans; il est électeur. On lui propose (c'est lui qui parle ainsi), on lui propose de nommer quinze à vingt députés et d'opter entre plusieurs théories. Il écoute les orateurs monarchistes, républicains, socialistes ; et en tous il découvre un même défaut. « Mes gens affirmatifs construisaient une constitution comme une maison d'après le plan le plus beau, le plus neuf, ou le plus simple. Or, il me paraissait qu'une maison ne doit pas être construite pour l'architecte, ni pour elle-même, mais pour le propriétaire qui va s'y loger. Mais, *d'autre part*, demander l'avis du propriétaire, soumettre au peuple français les plans de la future habitation, c'était parade ou duperie. La France n'était guère plus que moi en état de le donner. Dix millions d'ignorance ne font pas un savoir. » (Ce n'est, hélas, que trop vrai). « Un peuple consulté peut, à la rigueur, dire la forme de gouvernement qui lui plaît, mais non celle dont il a besoin, il ne le saura qu'à l'usage. » — Comme on n'a pas, on ne peut pas avoir l'usage d'une maison qui est encore à construire, c'est forcément une grave imprudence, selon vous, de construire une maison. « Cela dépend, nous répond Taine. Si, à l'étranger, plusieurs maisons sont solides, c'est qu'elles ont été construites d'une façon particulière, autour d'un noyau primitif et massif, plusieurs fois raccommodé, mais conservé, élargi, approprié par degrés, par tâtonnements et rallonges. Nulle d'entre elles n'a été bâtie d'un seul coup sur un patron neuf et d'après les seules mesures de la raison. »

En somme, Taine veut dire qu'il ne faut modifier une constitution politique que par morceaux, à intervalles plus ou moins longs, et pour parer à une incommodité partielle urgente, bien reconnue. Adopté avec modération, tempérament et discernement, ce conseil a du bon. Absolument suivi, il a parfois des inconvénients. — C'est ainsi que les Anglais, ayant modifié leur procédure civile par tâtonnements, rallonges et grand respect du noyau primitif, ont obtenu un résultat dont les Anglais les plus intelligents ne font pas précisément l'éloge (1).

« Je concluais, continue Taine, que si jamais nous découvrons la constitution qu'il nous faut, ce ne sera point par le procédé en vogue. En effet, il s'agit de la *découvrir*, si elle existe, et non de la mettre aux voix..... A cet égard nos préférences seraient vaines... car d'avance la nature et l'histoire ont choisi pour nous. C'est à nous à

(1) Une constitution politique n'est pas une construction, un édifice matériel ; entre les deux, il n'y a qu'analogie, pas de ressemblance sérieuse, pas d'équivalence. Taine cependant, ayant une fois appelé la constitution politique une construction, se plaît à développer, à circonstancier cette métaphore. Et ce qu'il trouve de logique ou de frappant à dire de la construction, il vous l'offre comme étant nécessairement vrai de la constitution. C'est là un procédé artistique qui a beaucoup aidé au succès de Taine, auprès de mes compatriotes, mais procédé anti-scientifique, assurément.

nous accommoder à elles, car il est sûr qu'elles ne s'accommoderont pas à nous. La forme pratique et sociale dans laquelle un peuple peut entrer et rester, n'est pas livrée à son arbitraire, mais déterminée par son caractère et par son passé. Il faut que jusque dans ses moindres traits, elle se moule sur les traits vivants auxquels on l'applique ; sinon elle crèvera et tombera en morceaux. »

Il s'agit donc, de découvrir la constitution appropriée à un peuple, et cela consiste à découvrir d'abord le caractère de ce peuple et son passé — les deux *pari passu* et l'un par l'autre, j'imagine.

Pour qu'il soit possible de découvrir le caractère d'un peuple, il faut que ce peuple ait un caractère, c'est-à-dire qu'une certaine combinaison de traits moraux se retrouve dans les millions d'hommes dont ce peuple se compose, et que d'autre part cette combinaison ne se retrouve chez aucun autre peuple.

On a fait souvent des portraits de peuple ; ce sont des thèmes qui prêtent. Par malheur, quand il arrive que deux peintres peignent un même peuple, les deux images ne se ressemblent pas.

D'où avons-nous tiré l'idée du *caractère ?* de l'observation de l'individu. Nous avons ensuite appliqué cette idée au peuple. Or, celui-ci n'a pas l'individualité réelle ; nous individualisons fort induement une réalité qui est multiple. Assurément, on peut signaler chez tout peuple des habitudes communes à tous ses membres, mais ces ressemblances superficielles, souvent fugitives, ou fugaces, sont loin de compenser les différences intellectuelles et morales que tout peuple présente d'homme à homme : car je vous prie, trouvez moi une différence plus grave que celle qui sépare l'honnête homme du coquin, le brave du lâche, ou l'homme de génie de l'imbécile : or il y a de tout cela dans un seul et même peuple.

Les hommes d'un même peuple ont en commun une langue, un gouvernement, des lois, des traditions, des règles de mœurs, des maximes convenues ; tout cela fort apparent, fort extérieur, frappe l'esprit, tandis que les différences *individuelles*, qui ne font pas bloc, ne le frappent pas. L'observateur d'un peuple donné, ne les aperçoit pas, ou, les apercevant, il ne croit pas devoir en tenir compte, par ce motif que l'on trouve des différences individuelles chez tous les peuples.

Quant au passé d'un peuple, évidemment, Taine se le représente comme une sorte de fleuve qui a déroulé ses flots toujours dans la même direction. A parler sans figure, Taine imagine que ce passé a exercé son influence toujours dans le même sens, de telle sorte qu'il a façonné à ce peuple un caractère simple et cohérent. Il nous semble, à nous, que les évènements, très nombreux et très divers, dont se compose le passé d'un peuple, pourraient bien avoir en eux de quoi se contrarier et se combattre, en tant que puissances influentes.

N'importe ! — Acceptons pour un moment, comme possible, la fin que Taine se propose, et nous propose. Voyons ses moyens. « Si, dit-il, nous parvenons à trouver la construction propre, ce ne sera qu'en nous étudiant nous-mêmes ; et plus nous saurons précisément ce que nous sommes, plus nous démêlerons sûrement ce qui nous convient. On doit donc renverser les méthodes ordinaires et se figurer la nation, avant de rédiger la constitution. Sans doute la première opération est beaucoup plus longue et plus difficile que la seconde. Que de temps, que d'études, que d'observations rectifiées l'une par l'autre, que de recherches dans le *présent* et dans le *passé* sur tous les domaines de la pensée et de l'action, quel travail multiplié et séculaire pour acquérir l'idée exacte et complète d'un grand peuple qui a vécu l'âge de peuple et qui vit encore. Mais c'est le seul moyen de ne pas constituer à faux, après avoir raisonné à vide. »

Découvrir le caractère commun à tous les Français, par une multitude infinie d'observations, recueillies sur tous les domaines de la pensée et de l'action, tout au long d'une histoire nationale ; puis les rectifier l'une par l'autre, les fondre peu à peu, et les réduire finalement à un résidu qui sera le caractère cherché... que pensez-vous d'une pareille tentative ? Taine la déclare longue, difficile, séculaire même.

Lui-même il se récrie, il s'effraye des difficultés de la tâche, et il n'hésite pas à l'entreprendre.

Sur ce, plusieurs objections s'élèvent dans notre esprit. Puisque, par supposition, les Français ont un caractère désormais formé et fixé, est-ce qu'il ne serait pas suffisant d'observer directement le Français vivant sous nos yeux ? En le regardant bien attentivement ce Français, et en l'écoutant parler, en le voyant agir, il semble qu'on pourrait arriver à découvrir le caractère demandé (s'il y en a un).

En quel pays, en quel temps a-t-on vu faire une entreprise comme celle que Taine juge indispensable? Nulle part, que je sache. Les Anglais eux-mêmes, les Anglais dont les procédés de construction sont si parfaitement exemplaires, au dire de Taine, ont-ils jamais fait rien de tel? Lorsqu'ils coupèrent le cou à leur roi, abolirent la Chambre des Lords et se mirent en République, lorsque, peu après, ils se remirent dans leur ancienne construction, s'étaient-ils auparavant livrés à une longue et minutieuse étude de leur passé?

Quoi qu'il en soit, l'esprit hardi et puissant de Taine entreprend ce que nul mortel n'a encore osé, et il en résulte un volume qui a pour titre : *L'ancien régime*.

Ce volume renferme un chapitre : *Origine des privilèges*, lequel, dans l'intention de Taine, n'est pas moins que le résumé de toute l'histoire de France antérieure à l'ancien régime. Il est cet extrait concentré qui, vous vous le rappelez, doit finalement contenir l'essence d'une multitude d'observations. Nous devons trouver là évidemment cette construction française, que Taine s'est proposé de découvrir. Là nous allons voir sans doute, par un exemple, comment se produit une constitution appropriée à un caractère national.

*
* *

En résumant ce *résumé* de nos origines, je ne me livrerai pas à une discussion en règle des assertions qui y sont accumulées — car, d'abord, ai-je besoin de le dire, je n'ai pas fait l'immense étude, accompli l'énorme tâche (1), dont Taine nous a esquissé le plan, — je me bornerai à mettre en regard des principales affirmations de Taine quelques faits admis par tous les historiens.

Selon Taine, trois sortes de personnes, en coopération, ont bâti notre nationalité et notre société française, les ecclésiastiques, les nobles, les rois.

Le clergé a fait la France religieuse, chrétienne, c'est-à-dire, donné « aux hommes un modèle nouveau d'existence morale, de nouvelles règles de bien vivre, et pour ainsi dire renouvelé le goût et le sentiment de la vie, sauvé ce qui restait encore de la culture humaine, charmé ou intimidé les barbares, réfréné et conservé leurs chefs, leurs princes, défriché les grands espaces du sol, qu'après les invasions la forêt sauvage ou la stérilité nue de la lande avait reprises, donné au peuple le pain de l'âme après celui du corps, par ses innombrables histoires de saints, monde idéal, monde doux et divin, dont le spectacle imaginaire console, soutient ou retient les âmes meurtries ou perverties par le spectacle du monde réel, tel qu'il était alors. »

Cette esquisse des services de l'Église ne me paraît pas absolument fausse ; je la crois seulement très flattée. Si les moines ont sauvé bon nombre des manuscrits de l'antiquité, ils en ont gratté pas mal d'autres pour y transcrire leurs hymnes ; et de ceux qu'ils ne grattèrent pas ils ont donné souvent d'assez infidèles copies. Ils

(1) Taine lui-même ne l'a pas accomplie.

n'ont pas tant défriché le sol qu'ils l'ont fait défricher par les hommes qu'ils maintenaient dans le servage, et de qui ils percevaient des redevances, tout aussi bien que les seigneurs laïques. A cet égard les Cartulaires que Taine invoque, sont des témoignages clairs et décisifs. Ces innombrables histoires de saints, dont parle Taine, ont en effet ému, consolé, mais aussi souvent terrifié les cœurs ; et, en tous cas, entretenu les esprits dans une conception du monde absolument miraculeuse, qui les détournait logiquement de l'observation du monde réel.

« Par la grandeur de la récompense que le clergé a reçue des peuples, on peut estimer la profondeur de leur gratitude. Ne croyons pas que l'homme soit reconnaissant à faux et donne sans motif valable. Il est trop égoïste et trop envieux pour cela... »

Donc, selon Taine, l'immensité des récompenses que le clergé a reçu des peuples peut servir de mesure à « l'immensité de son bienfait. »

Cet argument général : les hommes étant égoïstes, ils ne payent que les services qui leur ont été rendus, ne me semble pas assez topique pour être convainquant. Je lui opposerai cet autre argument, à la fois général et topique, surtout topique : Il se peut que les hommes payent des services *imaginaires*, les tenant à tort pour réels ; il se peut qu'ils payent des services, seulement *espérés*, ou encore des assurances contre un péril imaginaire. Et je rends l'argument topique, en rappelant les innombrables actes ainsi motivés : « Pour le repos de mon âme, pour le repos des âmes de mes parents, je donne ou je lègue à telle église, tels ou tels biens. » Par milliers et milliers, ces actes nous remettent sous les yeux la position que le clergé catholique occupe à cette époque parmi les puissances et la fonction capitale que l'imagination des hommes lui attribue. Le clergé tient en ses mains la clé des destinées dans l'autre vie, à laquelle tout le monde croit : destinée double et bien énergiquement contrastée, d'un côté la plus parfaite béatitude, de l'autre, le plus complet malheur. Étant donné l'état mental et moral des gens de l'époque, tels que d'innombrables documents nous le révèlent, il est fort à croire que ce que la plupart des hommes payèrent au clergé ce fut la promesse de la bonne place dans l'autre monde, plutôt que le service, en soi considéré, d'avoir été rendus plus moraux.

Avec la même complaisance. Taine développe, en second lieu, l'action et le rôle des seigneurs féodaux des neuvième et dixième siècles.

Chacun d'eux aurait été le gardien vigilant, le protecteur courageux et le sauveur des hommes de son canton. A entendre Taine, on dirait que ce seigneur est là, tout seul, dressé sur un morceau de territoire, écartant avec son épée infatigable l'agresseur, le loup, loin de son troupeau d'hommes moutonniers. Le tableau est un peu invraisemblable. J'imagine que le seigneur a avec lui, autour de lui, quelques auxiliaires, choisis naturellement dans son troupeau, et qui partagent avec lui le mérite de la défense. Et puis d'où vient cet agresseur ? Quel est-il ? Je m'aperçois qu'en général, c'est un seigneur du voisinage. Il se pourrait donc que ce bienfaisant seigneur, qui défend aujourd'hui ses hommes, ait d'abord lui-même attaqué le voisin et attiré par conséquent les maux de l'invasion sur son petit peuple. Cette supposition est très plausible et plus que plausible, car seule, elle explique le monde que les chroniqueurs nous dépeignent ; un monde où la guerre est perpétuelle et partout présente. J'en demande pardon à l'ombre de Taine, mais lorsqu'il me peint ce seigneur exclusivement défensif et protégeant, il me rappelle, malgré que j'en aie, ce qu'on a dit de l'avocat « défenseur de la veuve et de l'orphelin », à condition qu'il y ait aussi un avocat agresseur de la veuve et de l'orphelin.

Toutefois Taine avoue que ces seigneurs commirent quelques excès, que par exemple ils accaparèrent, au détriment de leurs hommes, la lande et la forêt communales. Il confesse en passant, que la force quelquefois joua son jeu ; « l'habitude, dit-il, la nécessité, l'accommodation volontaire et forcée font leur effet. A la fin seigneurs, vilains, serfs et bourgeois, adaptés à leur condition, reliés par un instinct commun, font ensemble une société, un véritable corps ». A la place de ce vocable d'*adaptés*, un peu trop doux et moelleux, j'aimerai mieux mettre celui de *résignés* ; quant à « reliés par un intérêt commun », oui, à certaines heures, par exemple quand l'ennemi menaçait également le maître et ses sujets ; mais autrement non.

Quelques lignes plus loin, Taine se livre à la justification de la royauté. Le roi défend ses peuples contre les brigands féodaux. Ce sont tout justement ces seigneurs que Taine qualifiait tout à l'heure de protecteurs des

peuples. Le roi a construit la France, ce navire... « A ce
titre le bâtiment est à lui. Il y a droit comme chaque
passager à sa pacotille. » — Voilà franchement une
thèse rude à admettre; la France propriété du roi, terre
et hommes... et cela en vertu d'une métaphore.

Notez bien ceci : en même temps qu'il construit ce
navire, ce roi démolit l'édifice féodal bâti par les seigneurs — et je demande ici à Taine, si ce roi s'est préalablement livré à cette minutieuse enquête sur le Français que Taine reprochera tout à l'heure aux Constituants
de n'avoir pas faite.

Nos rois, ce me semble, n'ont pas construit tout à fait
la France d'après un plan conçu avec réflexion, avec désintéressement, et logiquement exécuté. Le mérite n'a
pas tout fait : il y a eu du hasard, du bonheur, quand ce
ne serait que dans certains mariages et certaines suc-
cessions. Il y a eu des démarches excentriques, de funestes aberrations dues au caprice ou aux intérêts personnels du roi, comme, par exemple, la Bourgogne
constituée en apanage au profit du fils de Jean le Bon,
ce qui a failli tuer la France ; comme les conquêtes ten-
tées en Italie ; comme la couronne d'Espagne acceptée
par Louis XIV, pour son petit-fils. — Aussi bien, nos
rois n'ont pas achevé de s'annexer tout ce qui parlait
autour d'eux la langue française, le comtat Venaissin,
la Suisse romande, ni même tout ce qui était enclos
dans le cercle de leur suzeraineté, comme la Flandre
belge. Ils ont été trop souvent conduits par leur ambition privée et familiale, plus que par l'intérêt national.
Et puis, vraiment, on dirait à entendre Taine, que ce

qu'ils ont fait, ils l'ont fait tout seuls. Leurs ministres, leurs capitaines y ont plus peiné qu'eux. Et si le labeur, les bons offices méritaient d'obtenir la propriété des terres et des gens, assurément la France devrait appartenir, moins comme le veut Taine aux successeurs de Charles VII ou de Louis XIV, qu'aux familles de Duguesclin, de Jeanne d'Arc, des frères Bureau, etc... Comment donc? aux descendants de tant de soldats innommés, qui ont mis leur sang et leur chair dans l'œuvre si singulièrement attribuée au seul roi de France.

L'idée que Taine s'est faite de notre passé me semble, je l'avoue, gravement inexacte. Il ne me paraît pas qu'elle lui soit venue par l'étude directe des documents. Je crois qu'il se l'est formée plutôt d'après un spectacle moderne, je veux dire en contemplant, d'un regard d'ailleurs fort complaisant, l'Angleterre contemporaine. Par une induction ou une transposition fort hasardeuse, il a mis les inclinations, bienfaisantes selon lui, de l'aristocratie anglaise de nos jours dans l'âme des seigneurs français du x° siècle. Lui qui croit tant à la race (qui en tout cas y croit plus qu'aux circonstances temporaires) il aurait dû se figurer plutôt les seigneurs du x° siècle d'après les nobles français du xviii°.

A présent de ces pages qui nous sont données comme la quintessence d'un long labeur, voyons-nous ressortir nettement un caractère de peuple, le caractère particulier du Français? J'ai beau ouvrir les yeux tout grands ; en ce qui concerne le caractère du Français, je n'aperçois aucun trait qu'on puisse dire propre à nos aïeux.

La crédulité du peuple de France à l'égard de ses prêtres, sa passivité sous la main de ses maîtres, passivité faite de patience, de résignation, de crainte, d'impuissance réelle par défaut de concert, me paraissent bien se retrouver chez d'autres peuples de l'Europe. Les classes dominantes ou gouvernantes, hors de France et en France, se ressemblent beaucoup quant à leurs procédés de gouvernement, et quant aux profits qu'elles en tirent.

En tout cas, c'est un fait, que les institutions qu'on englobe sous le nom de féodalité, ont été, dans leurs éléments essentiels, communs à tous les grands peuples de l'Europe. En vertu de la théorie même de Taine, nous devons penser que les caractères de ces peuples ne différaient pas essentiellement.

Vue par un autre aspect, la féodalité offre l'exemple d'une genèse de construction politique. On pourrait donc, ce me semble, en étudiant la manière dont la féodalité s'est formée, vérifier dans une certaine mesure, la théorie de Taine. Mais non, je fais cette réflexion que la constitution politique telle que Taine la demande, doit avant tout, être moulée sur les traits particuliers d'un peuple : le régime féodal, *par ce fait qu'il a été commun à plusieurs peuples*, ne remplit pas la condition voulue.

Cependant voici une grande surprise : A peine l'édifice féodal est-il achevé, qu'une autre construction s'élève au beau milieu, et, d'une poussée lente, mais toute-puissante, renverse les maçonneries d'alentour, les met en débris et les recouvre. Ce nouvel édifice, achevé à son tour, devient la monarchie absolue, et ce que nous nommons « l'ancien régime ». Peut-on considérer l'édifice monarchique comme un composé de ces réparations partielles, de ces rallonges prudentes autour d'un noyau primitif recommandées par Taine ? Non, assurément ! Il n'y a pas même ici une de ces destructions ménagées, modérées, que Taine autorise. Les anciens gouvernants locaux, que sont-ils devant le roi ? Rien. Quels pouvoirs exercent-ils ? Aucun. Quels services rendent-ils ? Aucun. Que reste-t-il d'eux ? Des impôts. Si l'on veut continuer la métaphore de Taine, on dira des encombrements.

Ce régime-ci est, non seulement accepté, obéi du peuple français, mais, à son point de perfection, qui est en même temps celui de l'absolutisme royal, il est applaudi, exalté par ses sujets, comme le régime féodal ne le fut jamais. Le spectacle de ces deux constitutions politiques qui se succèdent, en contrastant si fort, fait qu'on se demande avec embarras : « Où trouverons-nous maintenant le peuple français ? Où faut-il le prendre ? Est-ce là-haut, dans le Moyen Age ; est-ce ici, sous le règne de Louis XIV ? »

Taine, lui, n'est pas embarrassé ; l'ancien régime ne lui cause aucune surprise. Il l'a cependant bien regardé sous tous ses aspects ; il l'a connu en détail et il l'a peint largement avec une exactitude très suffisante, après quoi, il conclut ainsi :

« Au moment de la Révolution, vingt millions

« d'hommes et davantage avaient à peine dépassé l'état
« mental du Moyen Age ; c'est pourquoi, dans ses grandes
« lignes, l'édifice social qu'ils pouvaient habiter devait
« être du Moyen Age. Il fallait assainir celui-ci, le
« nettoyer... mais en garder les fondements, le gros
« œuvre, et la distribution générale. »

Mais l'état mental du Moyen Age, qu'est-ce ? en quoi
Taine le fait-il consister ? A quels traits reconnait-il sa
persistance ? Pas de réponse. Taine ne s'est pas expliqué
sur ce point.

Je ne sais si je me trompe, mais il me semble que cet
état mental, c'est d'abord la soumission, sinon la fidélité
affectueuse des sujets à un chef local, possesseur héréditaire d'un domaine que les sujets considèrent comme
leur patrie particulière. C'est d'autre part une sorte de
concaténation, d'enchevêtrement de ces domaines, les
uns avec les autres, par les descendances, les alliances,
les conquêtes, les échanges et achats ; et ces domaines,
se devant les uns aux autres des secours de justice et
de guerre, ce sont les hommes parqués, enclos dans des
cadres géographiques de dimensions variables, et d'autre
part, étagés les uns sur les autres, en des conditions sociales inégales ; c'est la diversité et la contrariété des
coutumes ; c'est une religion acceptée tout entière,
aveuglément, et crue jusqu'au fanatisme ; c'est la prédo-
minance du militarisme entretenant la haine, ou au
moins la méfiance de chacun pour ses plus proches voisins, etc., etc.

De tout cela que reste-t-il à la fin du xviii° siècle ?
Rien de vivant, rien qui soit un rouage nécessaire dans

le train actuel de l'existence nationale. Quel sens ont maintenant les devoirs féodaux d'assistance judiciaire et militaire, qui obligeaient les seigneurs inférieurs envers les supérieurs ? Quel sens le devoir de service commun à tous ces seigneurs envers le roi ? Est-ce qu'on fait marcher le ban et l'arrière-ban ? Ces seigneurs ne servent plus que quand ils le veulent. L'armée française est une armée *permanente*, composée de soldats mercenaires et d'officiers commissionnés. La justice seigneuriale n'a plus du tout le caractère féodal ; on y était jugé autrefois par ses pairs, on y est maintenant jugé par un homme de loi, un professionnel.

Au-dessus de ces tribunaux, planent les justices royales et les parlements royaux ; ceux-ci cassent, annulent à leur gré les sentences de ceux-là, qui ne sont plus que des degrés superflus, et coûteux.

L'administration n'a pas davantage le caractère féodal. Les intendants et subdélégués font partout exécuter, avec une autorité irrésistible, les ordres d'un roi absolu, et appliquer les lois combinées dans les conseils de ce roi. Non seulement, les restes impuissants du régime féodal sont enterrés sous ces institutions nouvelles qui constituent le régime monarchique, mais l'âme même du Moyen Age est partie : l'idée générale, dans la masse, est que le roi peut tout, qu'il a droit sur tout, biens et personnes. Le Moyen Age croyait à son droit de ne payer que les impôts consentis par lui : personne, à la fin du XVIIe siècle, ne croit plus à cela (et si l'idée reparaît au XVIIIe, c'est justement par les hommes à qui Taine a reproché d'avoir totalement méconnu le Moyen Age).

On pourrait poursuivre cette enquête dans toutes les parties de la société du xviiiᵉ siècle, l'on montrerait aisément que les restes apparents de la féodalité, qui parsemaient le sol, n'étaient plus féodaux qu'en apparence, ayant perdu l'esprit, l'âme féodale ; je veux dire qu'il n'y avait plus là, comme autrefois, des services rendus par les seigneurs, en retour des devoirs acquittés par les sujets.

Rien d'étonnant si ces restes d'un passé bien différent du présent, et que rien ne justifie plus, ni la logique, ni l'utilité, sont haïs ou méprisés par tous, hors par ceux qui en tirent encore profit. Aussi rien n'est plus avéré que l'impatience publique à leur endroit : elle s'est exprimée avec une clarté suffisante dans les nombreux *Cahiers*, que fort heureusement nous pouvons encore lire.

Elle s'est exprimée de nouveau, hélas ! d'une façon, pas plus certaine, mais plus tragique, par le mouvement spontané, incoercible, qui, dès les premiers jours de la Révolution, porta le grand peuple des campagnes contre les châteaux.

Taine, qui a raconté ces jacqueries, d'une plume peut-être exagératrice, où avait-il l'esprit pour n'en pas comprendre la signification si évidente ?

Et ceci, comme méconnaissance de faits évidents, n'est pourtant rien encore auprès de l'affirmation qui suit :

« Après plusieurs années passées au grand air, parmi « toutes les intempéries, il nous a fallu élever notre nou- « velle construction politique à peu près sur le plan de « l'édifice de Moyen Age. » Cette réfection du Moyen Age, où est-elle donc ? Où la voit-il ?

Il a publié plus tard une étude analytique en quatre volumes des institutions de la Révolution. Et qu'est-ce qu'il y démontre, ou du moins prétend y avoir démontré? C'est que nos institutions actuelles sont instables,... déplorablement. — Mais... alors, elles n'ont pas été rebâties sur le plan du Moyen Age, comme Taine assure que nous avons été obligés de le faire. Ou bien, quoique rebâties sur ce plan, elles ne sont pas solides, ce qui ruine par un autre bout la théorie de Taine.

*
* *

Les institutions qu'il déclare instables à certains moments, est-ce qu'à d'autres moments, il ne les reconnaît pas solides? Mais oui ; seulement pas toutes. Nos institutions civiles et sociales, égalité devant la loi, admission de tous aux fonctions publiques, liberté des cultes, dispositions relatives à la propriété, à l'héritage, aux contrats, aux rapports de famille, rien de tout cela, de son propre aveu, n'a vacillé, n'a menacé ruine : persistance d'autant plus significative qu'elle a bravé nos sept et huit révolutions politiques, comme il le remarque encore lui-même.

L'instabilité donc n'a touché que le sommet de l'Etat, le haut personnel des gouvernants et aussi, il faut bien à notre tour le reconnaître, la forme officielle (nominale, dirais-je volontiers) du gouvernement. Ce qui jusqu'ici est resté immuable était cependant assez considérable pour que son destin particulier appelât l'attention et la réflexion de l'historien ; et pour qu'il se posât cette question : « Pourquoi ceci a-t-il été instable, et cela non ? »

Sans doute, il aurait alors, dans cet effort, dans cette élaboration immense qu'est la Révolution, distingué nettement quelle partie de la tâche a été manquée et quelle réussite ; il aurait ensuite reconnu que ces parties diffèrent non seulement par l'ordre des choses, des relations qu'elles traitent, mais même par leur filiation historique ; et finalement il aurait aperçu un spectacle — j'entends un spectacle idéal, imaginaire — qui l'aurait quelque peu surpris : il aurait vu, gisant par terre, dès le début de la Révolution et pour toujours, les constructions du Moyen Age — de ce Moyen Age dont il voulait qu'on ménageât les survivances, à cause de la structure mentale du peuple — et il aurait vu en revanche l'ancien régime — cet ancien régime dont il s'est trop peu souvenu, en parlant de laRévolution — renaître peu à peu sous une multitude de formes, idées, passions, procédés d'administration, dans les gouvernements successifs des Jacobins, du Directoire, du Consulat et de l'Empire, et persister jusque sous nos yeux.

*
* *

Revenons à notre point de départ : Comment se font les constitutions durables.

Selon Taine, il n'y a pas deux manières, il n'y en a qu'une. Je ferai d'abord un rapprochement : de nos jours, on convient assez généralement qu'il n'existe pas une forme de gouvernement, qui soit absolument la meilleure, qui soit la meilleure dans tous les temps, dans tous les lieux. Semblablement, j'incline à croire qu'il pourrait bien y avoir — non une — mais plusieurs manières de créer les institutions politiques viables.

D'après la méthode uniquement approuvée par Taine, on s'astreint à ne faire que des changements, rares ou lents, partiels, et en un sens subordonnés (rallonges, réparations très limitées et circonspectes). A prendre cela comme un conseil général, je le répète, le conseil n'est pas mauvais ; il est plutôt bon, mais il est vague, il manque de précision. Il est difficile, ou même impossible de réfuter en toute précision ce qui n'est pas lui-même précis. Cependant une observation, en passant, suffira peut-être à faire comprendre comment, sans faillir à la bonne méthode, il est possible, nécessaire même, de faire des modifications relativement rapides et étendues.

Plus un peuple arrive à un état de civilisation scientifiquement avancé, plus il s'opère, dans le très vaste domaine de l'*économique* (viabilité, transport, industrie, commerce, banque, agriculture), des changements rapides, étendus, profonds. C'est là une grosse expérience que nous voyons et touchons. Or, il est généralement convenu que les diverses parties d'une société sont liées entre elles par un *consensus* (très étroit selon Taine, à mon avis moins étroit), et que tout changement un peu important dans une des parties retentit plus ou moins dans les autres parties. Nous devons penser, en conséquence, que le rythme du changement, devenu plus pressé dans l'*ordre économique*, nécessite, ou en tout cas rend utile, opportun, un changement harmonique, c'est-à-dire plus pressé dans l'ordre des choses politiques, et notamment dans le déblayement des choses vieillies, désaffectées. Il y en a toujours de telles ; mais c'était surtout le cas en 1789.

En nous disant qu'aucune construction politique, excepté la nôtre, n'a été bâtie d'un coup, sur un plan fourni par la raison, Taine s'imagine discréditer par un argument invincible notre construction moderne ; il se trompe. C'est lui qui nous paraît en faute. Il dément ses propres idées sur le *milieu* et sur le *consensus* social ; il oublie sa propre philosophie à laquelle nous demeurons fidèle : reprocher aux constructeurs du régime moderne d'abandonner des procédés qui servirent dans une époque antique, très différente, c'est un peu comme si on reprochait à nos généraux d'artillerie d'avoir imprudemment délaissé l'emploi de la catapulte.

CHAPITRE II

LA CONSTITUTION DURABLE EST MANQUÉE PAR LA FAUTE
DE L'ESPRIT CLASSIQUE

Dans la préface de son *Histoire de la littérature anglaise*, Taine écrivait déjà ce qui suit :

« Au siècle dernier on se représentait les hommes de toute race et de tout siècle comme à peu près semblables. On connaissait l'homme ; on ne connaissait pas les hommes. On n'avait pas vu la diversité infinie et la complexité merveilleuse des âmes ; on ne savait pas que la *structure* morale d'un peuple et d'un *âge* est aussi particulière et aussi *distincte* que la structure physique d'une famille de plantes ou d'un ordre d'animaux. Aujourd'hui l'histoire, comme la zoologie, a trouvé son anatomie... (1). »

(1) Si la structure morale d'un peuple ou d'un *âge* (notez bien cet *âge*) était aussi distincte que la structure physique d'une famille de plantes, c'est qu'elle serait aussi simple, et alors la *diversité infinie*, la *merveilleuse complexité* des âmes ne serait plus qu'une brillante, mais fausse expression. — « Aujourd'hui l'histoire a trouvé son anatomie. » — Mais... l'anatomie, qu'est-ce donc ? La connaissance de l'homme *physique universel* ; si, en science morale, on a acquis un savoir qui fasse pendant à l'ana-

Là-dessus, Taine expose sa théorie de l'*esprit français*.

Cet esprit, propre au Français, rendrait le Français particulièrement apte à abstraire, extraire, simplifier, mais
incapable d'embrasser la complexité de l'âme humaine,
incapable d'apercevoir « les différences morales qui distinguent un peuple d'un autre, une race d'une autre, un
individu d'un autre individu ».

De cette inaptitude si grave, si étendue, Taine trouve
la preuve dans toutes les œuvres de la littérature française, comparées aux produits de la littérature anglaise.
En conséquence, elle est pour lui le fait de la *race*, c'est-
à-dire une défectuosité constitutionnelle, constante, perpétuelle, sur laquelle les circonstances adventices, les
époques différentes glissent sans effet.

Dans son *Ancien régime* Taine exprime une opinion
qui semble différer de la précédente. — Cette défectuosité n'est plus un trait de la race, mais la caractéristique
d'une époque. L'esprit français est devenu pour Taine
l'esprit classique, et c'est l'esprit de deux siècles. Il va
de Malherbe et Balzac jusqu'à Delille et à M. de Fon-
tanes. « Entre Amyot, Rabelais, Montaigne d'un côté et
Chateaubriand, Victor Hugo, Honoré de Balzac de
l'autre, naît et finit le français classique. » Cette seconde
opinion est-elle au moins la dernière de Taine sur ce
même sujet?

Nous sommes au xviii° siècle, vers la fin, et voici le

tomie, ce ne peut être que la connaissance de l'homme moral
universel.

spectacle que la France offre aux yeux de Taine : « Lorsque nous voyons un homme un peu faible de constitution, mais d'apparence saine et d'habitudes paisibles, boire avidement d'une liqueur nouvelle, puis tout d'un coup tomber à terre, l'écume à la bouche, délirer et se débattre dans les convulsions, nous devinons aisément que, dans le breuvage agréable, il y avait une substance dangereuse ; mais nous avons besoin d'une analyse délicate pour isoler et décomposer le poison. Il y en eut un dans la philosophie du xviiiᵉ siècle et d'espèce étrange autant que puissante, car non seulement il est l'œuvre d'une longue élaboration historique, l'extrait définitif et condensé auquel aboutit toute la pensée du siècle, mais encore ses deux principaux ingrédients ont cela de particulier, qu'étant séparés, ils sont salutaires et, qu'étant combinés, ils font un composé vénéneux (1). Le premier est l'acquis scientifique, le second est l'esprit classique. »

Remarquons-le, il s'agit de la philosophie du xviiiᵉ siècle et de la politique issue de cette philosophie, il ne s'agit plus de littérature proprement dite ; et puis cette fois l'esprit classique n'agit pas seul, il agit en combinaison avec un autre élément ; c'est pourquoi il produit ici, en philosophie spéculative et en politique pratique, un effet assez différent de celui qu'il a produit en littérature. En littérature, nous lui avons dû de ne posséder que des artistes incomplets, incapables de rendre les dehors pittoresques des choses, les dernières particularités des personnages de roman, de poème, de comédie ou de

(1) Composé des plus fantastiques.

drame ; maintenant, en politique, nous allons lui devoir de commettre de terribles et pernicieuses bévues.

Cette dernière théorie de Taine sur l'esprit français ou classique, contient évidemment quelque chose de *complémentaire*, mais rien qui constitue une nouvelle contradiction.

A quoi tient-il que la science, bonne en soi, produise ici, pour une part, l'effet pernicieux? Aux progrès merveilleux qu'elle a faits au XVIIIe siècle, à ses grandioses découvertes, qui ont entièrement changé aux yeux humains les dimensions et la figure du monde naturel. De là un enthousiasme particulier, une foi nouvelle, la *religion* de la science. De là aussi, par contre, l'affaiblissement d'un sentiment ancien, l'affectueux respect pour les choses établies de longue date, en un mot pour la tradition. Les hommes, à la fin du XVIIIe siècle, ont cru et ils ont proclamé que l'humanité venait d'entrer dans l'ère des lumières, qu'elle avait atteint l'âge de la raison. L'âge de la raison! « Oui, dit Taine, d'une certaine raison, de la raison réfléchie, consciente d'elle-même, de celle qui, en effet, crée la science. Rien de mieux si cette raison, instruite par l'histoire, eût compris sa rivale, eût reconnu dans la tradition une sœur à qui elle devait laisser sa part!... Car le *préjugé héréditaire* est une sorte de raison qui s'ignore. Comme la science, ce préjugé a pour source une accumulation d'expériences. Les hommes après une multitude de tâtonnements et d'essais ont fini par éprouver que telle façon de vivre et de penser était la seule accommodée à leur situation, la plus praticable de toutes. » Le résultat de ces essais forme l'héritage du genre humain. Là où il manque, car il y a des peuples à qui il manque, on est sauvage — « Ne pas manger de chair humaine, ne pas tuer les vieillards inutiles ou incommodes, ne pas exposer, vendre ou tuer les enfants dont on n'a que faire, être le seul mari d'une seule femme, avoir horreur de l'inceste et des mœurs contre nature, être le propriétaire unique et reconnu d'un champ distinct, écouter les voix supérieures de la pudeur, de l'humanité, de l'honneur, de la conscience... composent la civilisation des âmes. » — Sans doute ; mais je ne me représente pas quels tâtonnements, quels *essais*, au sens exact du mot, ont mis fin au cannibalisme, à l'infanticide, à la polygamie. — « En général, continue Taine, plus un usage est universel et ancien (le cannibalisme l'a été), plus il est fondé sur des motifs profonds de physiologie, d'hygiène, de prévoyance sociale. (Nos institutions modernes doivent être fondées sur des motifs bien peu profonds, étant si modernes)... exemples, la séparation des castes dans l'Inde, l'interdiction des spiritueux et des viandes aux îles Hawaï, le droit d'aînesse, etc. » J'ai ouï dire que les motifs d'hygiène ou de prévoyance sociale, que Taine allègue pour chacun de ces usages, ne sont pas si manifestes, et que les savants spéciaux contestent là-dessus entre eux. Pour mon compte, j'observe que Taine a fermé les yeux sur certains usages des plus anciens et des plus répandus ; par exemple il a oublié l'esclavage. Que des essais préalables aient fini par convaincre les hommes que l'esclavage était la seule façon de vivre, accommodée à leur situation, la plus praticable de toutes, je l'admets pour les hommes *maîtres*, mais pour les hommes esclaves, cela me paraît assez douteux. Et pour les maîtres eux-mêmes, je ne l'admets qu'en demandant qu'on m'indique quels essais préalables ont été faits. — Je serais également curieux de savoir quels essais préalables ont persuadé aux veuves de Malabar, que ce qu'il y avait de plus accommodé à leur situation de veuve, c'était de se brûler sur le bûcher de leurs maris. On pourrait multiplier ce genre de questions, indiscrètes peut-être. Je soupçonne que ces *expériences* qui, selon Taine, fondent l'autorité de la tradition *de même que* celle de la science, diffèrent en nature de ce que les savants appellent des expériences, et en diffèrent même fort considérablement.

Il ne faut pas, je crois, donner le nom d'expériences à des vexations permanentes que des hommes, qui étaient les faibles, socialement parlant, se sont résignés à subir, de la part d'autres hommes qui étaient les forts.

Les religions, nous dit Taine, se justifient encore mieux : « A certains moments critiques de l'histoire, des hommes ont saisi par une vue d'ensemble (?) l'univers infini. La face auguste de la nature éternelle s'est dévoilée tout d'un coup ; il leur a semblé qu'ils apercevaient son principe ; du moins, ils en ont aperçu quelques traits. Et, par une rencontre admirable, ces traits étaient justement les seuls que leur siècle, leur race, un groupe de races, un fragment de l'humanité fût en état de comprendre. » La rencontre serait admirable effectivement. Mais, la preuve, s'il vous plaît? Par exemple, la preuve que l'Islamisme était la seule religion que pussent comprendre les hommes qui l'ont embrassée, où Taine la voit-il? Où est la preuve, que l'Hindou, le Mongol, le Germain, le Latin, le Slave aient reçu la *seule* religion qui fût adaptée à « des besoins profonds, à des aspirations accumulées, à des facultés héréditaires, à toute une structure intellectuelle et morale? » Encore une fois, que tel peuple ait reçu telle religion, c'est un fait ; mais que ce peuple ne fût pas susceptible de recevoir une autre religion, c'est une supposition téméraire que le fait allégué ne soutient pas.

« Par un autre côté, toute religion est, de sa nature, un poëme métaphysique, une pensée par laquelle l'homme embrasse l'immensité et la profondeur des choses... et cette pensée n'est pas abstraite et nue... elle s'accompagne de créations poétiques, de figures divines, ce qui fait qu'elle parle à l'esprit des simples, qu'elle agit puissamment sur *tous*, qu'elle *arrache l'homme à lui-même pour le mettre tout entier au service de la vérité, ou au service d'autrui.* » Voilà certes un merveilleux pouvoir et des effets étonnants! La question est de savoir si ces effets sont fréquents ou rares. Si je m'en rapporte aux vives expressions de Taine, ils sont fréquents. Si je regarde autour de moi, ou dans l'histoire, je les vois plutôt assez rares.

Et Taine continue encore ainsi : « Envisageons l'état, la coutume monarchique : En *Europe*, une monarchie est, par origine et par essence, un établissement militaire où l'héroïsme s'est fait le champion du droit. » Rien de plus parfait, alors. Mais contre qui ces rois ont-ils été les champions du droit? Ne serait-ce pas, par hasard, contre d'autres rois, donc injustes, par supposition ?: « Un homme s'est rencontré qui a chassé les étrangers, dompté les brigands. » Qui donc conduisait, commandait ces étrangers, ces brigands, car sûrement ils ont eu des chefs? « Cet homme a de plus rétabli la sécurité, restauré l'agriculture, fondé la patrie... Désormais la nation possède un centre vivant, et chaque droit trouve un protecteur visible. Si le prince se renferme dans ses attributions, s'il est retenu sur la pente de l'arbitraire, s'il ne verse pas dans l'égoïsme. » Oui... si... Sans ce si, l'institution monarchique était, comme vous voyez, la perfection même, seulement il y a le si ! — « Tels sont les titres, très valables, du préjugé héréditaire... C'est une forme aveugle de la raison sans doute... mais quoi ! une doctrine ne devient active qu'en devenant aveugle... Il faut que des hauteurs agitées de l'intelligence, elle descende dans les bas-fonds immobiles de la volonté, passe à l'état de croyance faite, d'habitude prise, pour se transformer en un ressort d'action... La raison s'indignerait à tort de ce que le préjugé conduit les choses humaines, puisque, pour les conduire, elle doit elle-même devenir un préjugé. »

Il me semble que les jugements prononcés par Taine, d'en haut, de très haut, sur les religions, les monarchies, les sources de la morale, etc., dans un style noblement général, et, au reste, d'une éloquence classique très brillante, ne sont pas exempts d'optimisme et peut-être même d'une certaine infidélité, historiquement parlant. Taine parcourut volontiers l'histoire à grandes enjambées (1).

(1) Rappelez-vous que dans sa préface de l'*Histoire de la lit-*

Cela l'exposa à passer sur bien des choses, sans les apercevoir. Une de ces choses négligées va me servir de point d'appui pour répondre à Taine. Le Seigneuriat, devenu plus tard la féodalité, puis la noblesse, voilà une institution qui a été très étendue et qui a précédé la monarchie. Pour la France au moins c'est incontestable. En qualité d'institution ancienne, et par conséquent fondée sur des motifs profonds de prévoyance sociale, sur une accommodation parfaite aux besoins, désirs, facultés, bref à la structure mentale des populations, la féodalité était on ne peut plus digne d'être respectée. La monarchie n'a pas laissé de porter sur ce respectable préjugé une main très profane. — Est-ce que par hasard nos rois du xii⁰ siècle et suivants, furent inspirés par cette même raison lucide, qui égara les gens du xviii⁰ siècle ? — Mais passons... Ce que je veux relever ici, c'est ce fait : les populations aidèrent plutôt la monarchie contre la féodalité et lorsque le roi, devenu tout-puissant, gouverna seul et sans partage, elles l'acclamèrent avec vigueur. Il faut croire que la monarchie avait à son tour construit un édifice approprié à la structure morale et mentale des populations, et c'est là que j'en voulais venir. Que ressort-il de cette suite, de cette succession de régimes ? — Que toute institution, après avoir été conforme, autant que vous voudrez, à la raison traditionnelle, cesse à un moment d'être appropriée, parce qu'autour d'elle ou sous elle certaines choses ont

térature anglaise il esquisse les civilisations aryenne, germanique, sémitique, etc., en quelques pages.

changé, notamment les idées, sentiments ou intérêts des hommes. Il en ressort que l'immuabilité est une chose utopique, et la plus utopique qui soit.

Et puisque nous devons renoncer à l'espoir de conserver indéfiniment les choses traditionnelles, et nous résigner à des changements inévitables, il s'agit, pour l'homme politique, non de maintenir avec une ferme obstination ce qui existe depuis longtemps, mais de reconnaître ce qui est à éliminer et de décider en quelle mesure et à quel moment l'élimination devra avoir lieu ; il s'agit surtout de savoir quelle nouveauté désirable et désirée peut être introduite dans l'existence générale. Pour cela, la raison traditionnelle et aveugle, tant élogiée par Taine, ne peut évidemment pas nous servir ; elle n'est plus d'emploi. Nous devons forcément recourir à la raison réfléchie, clairvoyante, à celle qui *ne s'ignore pas*.

*
* *

Je reprends Taine. « Par malheur au xviiiᵉ siècle, la raison était classique. On ignorait l'histoire : l'érudition rebutait ; première cause. L'imagination sympathique était absente : seconde cause. On ne savait pas sortir de soi et on ne se figurait pas les états violents de l'esprit humain. L'homme n'imagine rien qu'avec son expérience. Comment des esprits si policés, si aimables que les gens du xviiiᵉ siècle auraient-ils pu épouser les sentiments d'un moine, d'un fondateur barbare et féodal ? »

Mais, est-ce que vraiment, au xviiiᵉ siècle, il s'agissait

de s'imaginer les hommes du v⁰ siècle? N'était-ce pas plutôt les hommes du xviiⁱᵉ siècle qu'il fallait connaître? Taine semble nous répliquer quand il dit : « Faute de comprendre le passé on ne comprenait pas le présent ». Est-il bien sûr que, si un esprit de notre temps ne comprend pas les hommes du v⁰ siècle, cet esprit méconnaîtra nécessairement ses contemporains (1)?

Je ne vois pas pourquoi ceci suivrait forcément cela... et Taine ne me l'explique pas, d'autant qu'il continue ainsi : « On n'avait aucune idée juste du paysan, de l'ouvrier, du bourgeois provincial... On ne les apercevait que de loin. » Cette raison-ci, très différente de la précédente, vaudrait mieux, si l'affirmation de Taine était vraie. « Deux ou trois mille gens du monde, de lettrés faisaient le cercle des honnêtes gens et ne sortaient pas de leur cercle. Si, parfois, de leur château et en voyage, ils avaient entrevu le peuple... » Pas n'est besoin d'aller plus loin, pour sentir l'erreur de Taine, une erreur de fait cette fois. La révolution n'a pas été tant que cela l'œuvre des gens à châteaux, ou en tout cas l'œuvre de châtelains qui n'avaient fait qu'entrevoir de loin les hommes du peuple et de la bourgeoisie. La majorité des députés qui, dans la Constituante, firent l'œuvre législative, se composait de robins, d'hommes de lois, d'avocats, de juges seigneuriaux, de médecins de petite ou moyenne ville, de négociants, de propriétaires et de curés de village. Les uns avaient plaidé, ou jugé pour et

____

(1) Je demanderai à Taine, en passant, si le fondateur barbare ou féodal qu'il mentionne plus haut s'était, au préalable, instruit du passé des hommes pour qui il fondait.

contre de petites gens. Les autres avaient soigné ces petites gens, les avaient eus parmi leurs clients ; les autres les avaient sermonnés, confessés. Les chefs, les meneurs, même les nobles, n'étaient pas tant que cela des gens de salon, et hors de là dépaysés. Non, pas même Mirabeau. Celui-ci avait expérimenté, je pense, assez de conditions diverses, dans sa vie très accidentée, et il avait peu habité les châteaux (si ce n'est les châteaux-prisons du roi). Duport, « qui labourait profond », n'était pas un homme de salon. Lafayette avait expérimenté un peuple en révolution.

Quoi qu'il en soit, par la faute de cet esprit classique, les Français du xviiie siècle qui firent la Révolution et constituèrent notre « Régime moderne », ne possédant qu'une très insuffisante connaissance des hommes, n'apportant qu'un *extrait mince* de l'homme, conduisirent très mal leur révolution, et constituèrent un régime irrémédiablement frappé de débilité. Pour la tâche qu'ils avaient à faire, connaître l'homme était de peu d'importance et d'effet ; c'était même d'un trompeur secours, « car, n'en doutez pas, nous dit Taine, il y a un homme français, qui est moralement très différent de l'homme anglais, italien, etc., bref de tout autre homme. Avant de gouverner le Français ou simplement de le conseiller, il fallait le connaître ; or, c'est là une découverte à faire, laborieuse et délicate. » — Mais ce Français, si peu manifeste, comment êtes-vous *a priori* tellement sûr qu'il existe ? — « Par une déduction tirée de la biologie générale, de l'histoire naturelle. Ne voyez-vous pas qu'il existe des familles de plantes, des races d'animaux, il doit y avoir et il y a pareillement des races d'hommes. »

En effet, et la différence que vous signalez est incontestable, car elle se manifeste par des différences anatomiques que nous pouvons voir et toucher ; celles-ci déterminent les divers animaux à chercher leur nourriture d'une façon différente, à se reproduire diversement, à entretenir avec le monde extérieur des rapports différents. Et nous apercevons que les différences de mœurs, consécutives aux différences anatomiques, sont *proportionnelles* à *l'importance de celles-ci*. Cette suggestive relation m'amène à vous dire : « Montrez-moi donc une différence anatomique qui sépare bien distinctement l'homme Français de l'Anglais, de l'Allemand, etc. »

*
* *

Remarquons-le d'abord : Le *Français* n'est pas plus *réel* que l'homme ; c'est une abstraction, c'est un extrait, de même que l'*homme*. L'abstraction est tirée d'un nombre moins grand d'individus, cela est évident, mais enfin c'est une abstraction. Après Taine, on a dit et répété ce propos qu'on a cru triomphant : « Je vois bien des hommes, je ne vois pas l'homme ». A quoi c'est assez répondre que de dire : « Je vois bien des Français, je ne vois pas le Français ».

Abstraire le Français, est-ce une opération moins hasardeuse que de chercher à abstraire l'homme ? Et, d'autre part, à la supposer réussie, est-ce une opération plus fructueuse, plus utile et de plus d'effet que d'abstraire avec justesse l'homme ? Voyons d'abord ce qu'on

peut raisonnablement entendre par cette expression :
l'*homme* (je dirais volontiers pour mon compte l'homme
général). C'est, j'imagine, ce qui se retrouve chez tous
les hommes, et toujours, et partout, ce qui, dans le
genre humain, est, universel, permanent, indéfectible.
Nous jugerons après si c'est peu de chose que cette *communauté*, si c'est là un extrait aussi mince que Taine veut
bien le dire.

L'homme général, cet extrait mince, que contient-il en
réalité ? Rien moins que tous les besoins dont tous les
hommes subissent la stimulation et poursuivent la satisfaction. Cet extrait mince c'est l'homme qui cherche ses
aises économiques, un logis sûr et confortable, un vête-
ment protecteur, des repas suffisants, réguliers et assu-
rés — c'est l'homme à qui il faut une femme, des enfants, pour vivre encore un peu par delà la mort, — qui
a des besoins d'orgueil et de vanité, veut sortir de la
foule et être distingué s'il se peut, — qui désire l'estime
et la sympathie de ses semblables, — qui aime à éprouver pour les autres tantôt estime et sympathie, tantôt
les sentiments contraires, — qui recherche les plaisirs
pris et les émotions ressenties en commun, et a pour
cela inventé les beaux-arts de même que les réunions,
les assemblées de toute sorte, — l'homme que des curiosités sollicitent, en suite de quoi il ambitionne de connaître ou s'efforce d'imaginer le monde environnant, et
qui invente peu à peu les sciences, les religions, —
bref, c'est un fond immense de besoins qui, en restant
essentiellement les *mêmes* chez tous les hommes, reçoivent dans leur satisfaction des *formes* différentes : et

ce fond est le substratum permanent, indéfectible des modalités infiniment diverses que l'humanité nous présente, parce que *les moyens de satisfaction varient* avec les diverses ressources des lieux, et avec les inventions mêmes de l'homme dans le cours du temps.

Par comparaison avec l'homme ainsi *défini*, il est clair que le Français est chose superficielle. Je ne dis pas chose sans importance, je dis superficielle au sens étymologique du mot.

Sur l'homme, sur l'homme moral, de même que sur l'homme physique, une masse de travaux ont été accomplis, quantité d'observations ont été consignées, réitérées, confirmées ou combattues, depuis Platon et Aristote, depuis les tragiques et les comiques grecs, jusqu'à nos psychologues et à nos propres artistes. Taine figure lui-même en assez bon rang parmi les psychologues observateurs de l'homme. Il a écrit un gros ouvrage, *L'Intelligence*, et là, sur l'homme, l'homme général, il a assemblé des faits et des réflexions pouvant remplir deux volumes. Je ne connais pas de livre écrit sur le Français, ni au reste sur l'Anglais, l'Allemand, etc., qui présente pour l'un de ces peuples une somme un peu considérable de *particularités*, incontestablement communes à tous les membres du dit peuple et étrangères à tous les autres peuples : deux conditions requises pour que ce livre fût un vrai document de psychologie *nationale*.

Jusqu'ici nous connaissons bien plus sûrement l'homme que nous ne connaissons un peuple quelconque. Et cela n'a rien d'étonnant ; cela *devait être*, si l'on s'en rap-

porte à la marche générale que la science a suivie dans
toutes ses directions.

*
* *

En tout ordre de phénomènes la science emploie son
premier effort à saisir le trait qui se trouve commun à
la plus grande partie des phénomènes considérés, sinon
à tous ; c'est par l'universel, et à son défaut par le général, que toute science débute. La façon d'avancer ensuite
consiste à aborder les traits de moins en moins généraux, de plus en plus particuliers ; de l'abstrait général
et simple en un sens, elle va graduellement au concret
complexe, se proposant, pour visée dernière, dans un
avenir indéfiniment reculé, la conquête de l'individuel,
de l'accidentel.

Voici une forme florale, une fleur individuelle. Que
veut dire le botaniste quand il affirme connaître cette
fleur ? Il veut dire que les caractères que cette fleur présente en commun avec un grand nombre d'autres fleurs
lui sont connus. Il sait d'elle ce qui la classe dans telle
famille, tel genre, telle espèce. Si, les caractères communs défalqués, il reste encore un résidu, si la plante
offre quelque trait accidentel, une sorte d'aberration
personnelle, on peut en cela même affirmer qu'on la
connaît, mais il faut voir comment et à quelle condition ; c'est quand l'apparente singularité de la fleur a été
ramenée sous l'empire des lois de la morphologie végétale ; quand il a été reconnu qu'elle est un cas de ces lois,
une combinaison particulière de leur concours ou de

leur interférence. Somme toute, cette plante, qui est constituée, qui respire, se nourrit, se reproduit suivant les lois générales de l'organogénie, de la physiologie végétale, à la regarder scientifiquement, qu'est-ce ? Une sorte d'application d'une quantité de lois, un miroir où se réflètent des conditions plus ou moins communes, un piédestal qui supporte et met en relief des généralités, et comme un concert d'abstractions de notre esprit qui prennent corps à nos yeux.

Ce qui est vrai de la plante se peut dire de tout autre être, que ce soit un minéral, un animal ou un être stellaire.

Supposons que Newton se fût buté à observer directement les allures de la lune, quand il désira connaître scientifiquement les mouvements de cet astre, il n'aurait pas abouti à connaître même la lune : aussi procéda-t-il autrement. Il s'avisa d'abord d'une généralisation très hardie pour l'époque, en supposant que la lune tombait vers la terre comme une pomme, comme une pierre, comme tous les corps existants à la surface de notre planète. En second lieu il fit ou plutôt il renouvela l'hypothèse que tous les astres de notre système tombaient semblablement vers le soleil. Mais comme, en fait, ces astres tombaient vers et non pas sur le soleil, Newton dut imaginer une seconde force, agissant en sens contraire de la première : il supposa une projection primitive des astres, analogue à celle d'une pierre ou d'un boulet lancé parallèlement à la surface de la terre. Enfin, généralisation bien plus hardie, bien plus large que la précédente, il s'avisa d'appliquer à ces deux formes

les lois élémentaires, générales, du mouvement ; il se
dit que la composition des forces perpendiculaires l'une
à l'autre devait avoir lieu dans les lointains du ciel
comme sur la terre, que le théorème appelé le parallélo-
gramme des forces était aussi vrai au firmament qu'à
côté de nous ; bref, que les astres, comme de simples
objets terrestres, étaient tenus de suivre la diagonale.
Tous les mouvements sidéraux de notre système furent
dévoilés par cette assimilation avec les mouvements des
corps à la surface de la terre, et la lune fut connue par
surcroît ; c'est-à-dire qu'on sut d'elle ce qu'elle présentait de commun avec les individus planétaires, ou, pour
être plus exact, avec tous les objets terrestres et même
toute la matière découverte jusqu'ici.

Par ces exemples qu'on pourrait multiplier à l'infini,
il est clair qu'on ne connaît l'individuel qu'après le général et par son moyen ; qu'une réalité concrète donnée
s'explique seulement quand on possède les vérités abstraites dont cette réalité est pour ainsi dire tissée. Savoir, c'est généraliser. Bien plus, ce qui est général (au
moins à quelque degré), est seul matière à science ; l'être
n'est connaissable qu'à proportion des éléments généraux qu'il contient ; et si, un jour, l'esprit humain devait se trouver en face d'une propriété absolument personnelle, d'un trait vraiment propre à un seul individu,
il est évident que cette propriété, ce trait, resterait à tout
jamais pour l'esprit une énigme indéchiffrable.

L'homme, en tant qu'objet de science, est-il donc si
essentiellement différent des autres réalités, qu'il faille
suivre avec lui une marche inverse, s'attaquer tout

d'abord chez lui à la différence individuelle, et s'abstenir d'abstraire préalablement les éléments simples et généraux ?

Pour l'homme physique, d'abord, la question est tranchée. Il est aisé de voir ce qu'on sait à son sujet et ce qu'on ne sait pas. Or ce qu'on sait, ce sont les généralités anatomiques et physiologiques ; c'est l'homme général, biologiquement parlant. Ce qu'on ne sait que fort peu ou pas du tout, c'est ce qui fait que M. Jean est lui, et non un autre, c'est l'idiosyncrasie de chaque homme.

Y a-t-il quelque motif d'attaquer le problème de l'homme moral autrement qu'on ne l'a fait pour celui de l'homme physique ? Pour ma part je n'en aperçois pas.

Aujourd'hui, cent ans après la Révolution, où en est la psychologie ? Que sait-elle de son objet avec quelque rigueur ? Des choses absolument communes à tous les hommes. (Souvent des choses communes à l'homme et à l'animal.)

En sommes-nous au point de pouvoir démêler avec précision les éléments du caractère d'un individu donné ? Evidemment nous en sommes fort loin. L'Ethologie n'est pas fondée et ne le sera pas de sitôt ; bien des découvertes sont à faire auparavant, car un caractère individuel est, comme l'individu physique même, la somme, le total d'un certain nombre de lois générales, un point de rencontre, un nœud où ces lois se croisent d'une certaine façon, laquelle constitue la physionomie particulière du caractère donné. Or, si celui-ci n'est, scientifiquement parlant, que le produit complexe de lois plus abstraites et plus générales, ces dernières doivent, de toute nécessité, avoir été exactement déterminées, avant qu'on puisse songer à résoudre le problème du produit complexe.

*
* *

A présent, dans l'état actuel de la science psychologique, sommes-nous en mesure de connaître, de dégager plus sûrement l'homme d'un peuple donné, le Français, l'Anglais, etc. ? — Considérons, par exemple, le peuple français :

1° Il n'est pas un tout homogène, non plus que les autres. — Prenons-le à un moment précis, au moment de 1789 : il y a un Français en Alsace qui diffère assez notablement d'un autre Français habitant Marseille (ou Quimper ou Bigorre).

2° Ce peuple, à cette date, a déjà eu une existence séculaire ; d'un siècle à l'autre, il a varié plus ou moins, et il reste de ces siècles divers des institutions, des vestiges de toute sorte qui influencent différemment les hommes de ce peuple. En forçant un peu l'expression, on pourrait dire qu'en 1789 il y a en France des Français qui se ressentent encore des institutions du Moyen Age, d'autres qui rappellent davantage leurs ancêtres du xvi° siècle, d'autres qui sont du xvii°, ou du xviii° siècles.

3° Il y a la différence des classes superposées, différence telle que souvent elle apparaît plus grande entre un ouvrier et un noble français, d'une part, qu'entre un ouvrier français et un ouvrier anglais ou allemand, d'autre part.

A présent, si je me demande quels sont les besoins particuliers au Français en même temps que communs à tous les Français de 1789, j'ai beau m'évertuer, je reste court, tandis que je n'ai pas été embarrassé pour énumérer les besoins de l'homme. D'où vient cette facilité d'un côté, cette difficulté de l'autre? C'est que l'homme est constitué par des réalités *intrinsèques*, si je puis ainsi parler, telles que les besoins économique, génésique, artistique, religieux, etc., tandis que le Français ne présente à mon esprit qu'un assemblage indélimité et changeant, selon les temps, de choses *extérieures* à lui, supra-naturelles, artificielles, de choses politiques et sociales : une certaine forme de gouvernement, un certain code, un ou plusieurs cultes, des opinions courantes, des préjugés plus ou moins répandus, des sentiments passagers, des modes éphémères, etc.

Taine croit avoir découvert et démontré le Français de 89 quand il a constaté, chez un assez grand nombre d'individus, quelques-unes de ces opinions ou quelques-uns de ces sentiments momentanés : par exemple, le Français de 89 est monarchique, le Français est catholique. L'observation est vraie ; les traits qu'elle constate ne sont assurément pas à négliger pour l'homme d'État, pour le politique du moment qui veut gouverner ou administrer ce peuple, mais ces traits (1) n'ont pourtant pas la solidité des besoins et des intérêts fonciers de l'homme, tels que le besoin de sécurité, de tranquillité, le besoin économique, etc. L'histoire le prouve. Tel

____

(1) Notez qu'ils ne sont pas particuliers au Français.

Français qui a le culte de la royauté en 89, qui adore même la personne du roi régnant en 91, tue ce roi deux ans plus tard. Tel, d'aristocrate, devient démocrate, puis retourne à l'opinion aristocratique ou absolutiste. Tel catholique devient incroyant, et tel, d'incroyant, devient catholique. Et tandis qu'ils manifestent ainsi une étrange mobilité dans leurs opinions, dans leurs préjugés, dans leurs sentiments à l'égard des choses qui ne les touchent pas privément, qui importent seulement à l'intérêt général, au bien public, à un parti, à une opinion, ces mêmes hommes montrent une parfaite constance, restent fixes et fermes en ce qui concerne leurs intérêts particuliers ; ils demeurent, qui ambitieux, qui cupide, qui libertin, ou prodigue, ou avare, après comme devant. Voilà le spectacle qui nous est offert, sans conteste, par les individualités que les évènements historiques ont mises en saillie et en lumière.

Mais les masses obscures, les hommes innommés montrent le même genre de constance et d'inconstance. Voyez le peuple de Paris transporter avec promptitude sa confiance ou son admiration de Lafayette et de Mirabeau à Marat, à Robespierre, et de ceux-ci à Napoléon, adopter avec ferveur la République, et peu après l'Empire ; constant d'ailleurs dans ses mœurs privées, tout autant que les évènements lui permettent de les pratiquer (1).

(1) Le peuple de Paris fut constant toutefois dans deux sentiments *temporaires :* l'aversion pour l'Ancien Régime, l'antipathie contre les nobles de naissance. Pourquoi cette constance exceptionnelle? C'est que l'Ancien Régime, par ses droits féodaux, blessait l'intérêt économique, et que la noblesse de naissance, impos-

Qu'y a-t-il en tout cela qui soit proprement, exclusivement Français ? Pas plus la mobilité des opinions que la constance des intérêts et des passions foncières.

Le politique finira par reconnaître que ce par quoi les hommes se ressemblent est toujours plus effectif, et partant plus considérable, que ce par quoi ils diffèrent. L'historien, de son côté, reconnaîtra peut-être que, jusqu'à nouvel ordre, il poursuit vainement la connaissance des races et des peuples, laquelle miroite devant ses yeux et ne se laisse pas saisir. Il soupçonnera que les différences des peuples entre eux, celles du moins qui se laissent saisir, tout extérieures et formelles, relèvent plutôt des degrés différents de civilisation, des diverses phases de l'évolution où ces peuples sont arrivés. Il abandonnera *provisoirement* la recherche, jusqu'ici décevante, des génies de peuple et de race, pour se livrer à une étude méthodique de la phase ou du degré.

*
* *

Lorsqu'une théorie a été appliquée, nous sommes en bonne posture pour la juger, car nous avons pour cela les résultats.

Les Constituants ont légiféré en vue de l'homme général, c'est-à-dire qu'ils ont eu devant leurs yeux les be-

sible à acquérir, mortifiait l'amour-propre, et ainsi touchait le peuple à deux endroits éternellement sensibles chez l'homme. Remarquez que le peuple regardait avec plaisir la noblesse impériale dont étaient revêtus des hommes nés dans ses rangs. Cette remarque incidente n'est peut-être pas inutile à mon sujet.

soins naturels et communs aux hommes ; et ce sont ces besoins qu'ils ont prétendu satisfaire. Le résultat visé a-t-il été atteint en quelque mesure — ou bien a-t-il été totalement manqué ?

Ils pouvaient tout d'abord se tromper sur les besoins ; prendre pour vrais, pour réels, de faux besoins. Ont-ils commis cette erreur ?

Il leur a paru que le premier besoin de l'homme social était l'égalité, fondement de l'équité, de la justice. En conséquence, ils ont déclaré tous les Français égaux en droits et en devoirs. De ce principe, ils ont tiré les résolutions législatives qu'ils ont prises : tous les Français sans distinction de naissance, soumis à l'impôt et aux autres charges de l'Etat ; tous les Français admissibles à tous les emplois publics, sans condition autre que l'aptitude voulue.

Que disent les résultats ? — L'égalité en droits et en devoirs a-t-elle rencontré une résistance sérieuse, en dehors de la classe qui bénéficiait de l'inégalité ? Non, elle est entrée tout de suite dans la pratique, dans les faits. Tout de suite il a paru qu'elle s'y maintiendrait invinciblement. Depuis 89, cette égalité a-t-elle été sérieusement menacée ? Y a-t-il eu à quelque moment des signes inquiétants de retour en arrière ? Quelqu'un en voit-il maintenant à l'horizon ?

Les constituants ont cru voir que l'homme économique répugnait fortement à donner son argent sans compensation, sans l'équivalent d'une denrée ou d'un service, et que c'était là une autre forme de l'égalité, de la justice. Ils en ont déduit que le produit des impôts devait être remis aux mains des représentants des contribuables, afin que l'argent de ceux-ci reçût un emploi utile et leur fût restitué sous forme de services publics. Ils en ont déduit que les droits féodaux, étant sans compensation pour le contribuable, n'étaient pas dus. Sur ces deux points l'assentiment de la majorité des Français leur a répondu, comme si nos constituants avaient légiféré en pensant spécialement à l'homme français. L'expérience, encore ici, a montré qu'en visant l'homme général, ils avaient du même coup atteint avec certitude le Français.

Cependant, est-ce que j'entends dire, par ce qui précède, que les législateurs de la Constituante aient tous, dans l'élaboration de l'œuvre commune, gardé devant leurs yeux l'homme général comme une sorte de pôle directeur ; ce serait commettre une erreur de même espèce que l'erreur de Taine ; ce serait s'imaginer que tous ces législateurs furent pareils ; non ! les hommes, même quand ils sont français, présentent plus de diversité que cela ; et lorsque de la collaboration d'un certain nombre d'entre eux il sort une œuvre quelconque, cette œuvre, en dépit de l'unité formelle qu'elle peut présenter, est toujours le produit réel de mobiles différents et de raisonnements divers. Parmi les législateurs de 89, tels certainement partirent, comme ils l'ont eux-mêmes proclamé, d'un concept général de l'homme. D'autres y allèrent plus simplement et suivirent une marche plutôt inverse ; ils se sentirent d'abord ; ils constatèrent leurs propres aspirations, puis les supposèrent communes à la grande majorité de leurs concitoyens, se généralisant

ainsi eux-mêmes, pour ainsi dire. Il y en eut qui cher-
chèrent près et loin, dans notre histoire nationale, des lumières pour se guider dans les conjonctures présentes,
et qui compulsèrent très bien nos anciennes annales. Il
y en eut qui consultèrent l'histoire de l'Angleterre,
d'autres, l'histoire de la révolution américaine, d'aucuns
allèrent s'enquérir de la Rome ancienne ; on poussa
même jusqu'à la légendaire Sparte : tout ceci, méconnu
de Taine, a été parfaitement certifié par d'autres historiens (1).

*
* *

Je ne puis pas refaire ici toute l'histoire de la Révolution. Je viens d'en rapporter les principaux résultats ; il
me semble qu'ils suffisent à justifier la méthode des
Constituants. Toutefois essayons de l'*instance* contra-
dictoire. La Révolution s'est heurtée à des résistances.
Pour les vaincre, elle a usé de moyens violents ; elle a
été, à de certains moments, inhumaine et sanguinaire.
Ses partisans se sont combattus et décimés entre eux ; il
faut bien que ces hommes aient failli par quelque côté ;
cela n'est pas contestable. Il s'agit de savoir si c'est pour
avoir, avec une extrême simplicité d'intelligence, suivi
une idée abstraite et fausse, ou si c'est pour avoir cédé à
des intérêts et des passions ; si c'est pour avoir mal jugé
de l'homme français, ou pour avoir été eux-mêmes
l'homme tout à la fois français et général, avec ses fai-

_____

(1) Voir *L'esprit de la Révolution* d'EDME CHAMPION.

blesses communes, l'ambition, l'amour-propre, le fanatisme de ses opinions, le penchant à la haine et à la fureur. Ici encore, je ne puis parler de tout. Deux séries
de mesures appellent particulièrement mon attention ;
les lois contre les émigrés, les lois contre les prêtres réfractaires. Est-ce que la Législative (ou la Convention)
a porté ces lois froidement, en vertu de son concept de
l'homme général, de la méconnaissance du français ?
Non. L'assemblée était toute puissante, elle remplaçait
la royauté ; elle s'est comportée comme un roi absolu.
Elle a voulu soumettre, dompter, avec cette colère, cette
indignation que le gouvernant absolu ressent contre
tout ce qui lui résiste. Elle a si bien imité le roi Louis XIV
que ces lois contre les émigrés rappellent à notre mé-
moire les édits de Louis XIV contre les protestants.
Pourquoi ne disons-nous pas que Louis XIV s'est trompé,
parce qu'il avait dans l'esprit le concept de l'homme général? Ce serait tout aussi vrai de lui que de la Législative ou de la Convention.

Est-ce en vertu du concept de l'homme général que
les Girondins précipitèrent la France dans une guerre
européenne, qui pouvait être évitée ou circonscrite?
Non ; ils pensèrent par là prendre la tête du cortège révolutionnaire et conduire sa marche. Que de conséquences fâcheuses sortirent de cette guerre ! Combien
différente la révolution sans la guerre!

Est-ce en vertu du concept de l'homme général que
les massacres de Septembre furent accomplis, que la
Commune de Paris, la Commune des Hébert, des Du-
chesne et des Marat, osa ce crime inexpiable de mutiler

la représentation nationale, de tuer vingt députés, d'en emprisonner cent? Est-ce en vertu du concept de l'homme général que la représentation nationale, en des représailles trop tardives, vengea enfin le 31 mai par le 9 thermidor? Non, tout cela est visiblement l'effet de passions qu'on retrouve sous d'autres formes, à d'autres degrés, dans toutes les révolutions; de passions qui, dans l'homme, sont aussi éternelles que ses besoins. — D'après la thèse de Taine, tous nos révolutionnaires partirent d'un même principe abstrait et faux. Savez-vous pourquoi Danton prêta les mains au meurtre de la Gironde? C'est qu'il n'avait pas dans l'esprit le concept du Français. Savez-vous pourquoi Robespierre et Saint-Just tuèrent Danton? C'est qu'ils avaient dans l'esprit le concept de l'homme général. Et ainsi de toute la Révolution. Est-ce que je veux donner du ridicule à Taine? pas le moins du monde. J'use d'un procédé légitime en mettant simplement, brutalement si vous voulez, sous la cause générale alléguée par Taine, quelques faits précis et particuliers qui appartiennent à cette cause, si la thèse de Taine est vraie.

L'idée, réduite à elle-même, à la stricte représentation d'un objet ou d'une collection d'objets environnants dans notre esprit, ce serait l'image réfléchie sur un miroir insensible; mais l'idée ne va jamais seule; l'homme n'est pas un miroir; les images qu'il reçoit du monde environnant trouvent en lui autre chose qu'une surface réfléchissante; elles tombent chez lui sur un fond d'appétits toujours en instance, en disposition de se satisfaire, appétits des sens, des sentiments, de l'intelligence. C'est de quelque appétit excité que part toute action humaine. Sans doute il faut que l'image de quelque objet appétissant se soit présentée sur le miroir, mais ce n'est pas la qualité de l'idée, jugée philosophiquement, ce n'est pas son degré d'abstraction, ou même de vérité, qui détermine dans l'action le degré d'énergie que nous y voyons ; le degré dépend de ce qu'est chez l'individu, au moment donné, la tension du ressort particulier sur lequel est tombée la sollicitation de l'image. Quand un jacobin enfonce son épée dans la poitrine d'un émigré, d'un girondin (ou réciproquement), n'allez pas me dire que c'est parce que ce jacobin a conçu une idée trop abstraite sur la nature de cet adversaire, et de lui-même jacobin. Ce n'est pas cette idée qui pousse son bras, c'est la fureur de quelqu'un de ses intérêts menacé, ou l'orgueil de son esprit exaspéré par la contradiction.

La psychologie de Taine fut celle d'un homme de cabinet, grand esprit exclusivement spéculatif, observateur passager (le temps seulement d'aller voir que les choses sont certainement telles qu'il les a préconçues), enclin et apte à abstraire des quintessences, et qui, naïf en somme, s'imagina les autres hommes faits comme lui.

*
* *

On ne peut pas dire absolument que l'expérience ait prononcé contre Taine, puisque ce qu'il aurait voulu qu'on fît n'a pas été fait et qu'il est par suite impossible d'en montrer les résultats. Toutefois on peut soutenir que ses idées ont reçu une sorte de démenti expérimental.

Taine a affirmé jusqu'à son dernier jour que toute l'œuvre de la Révolution était caduque, et il a pronostiqué que, sous le rapport de l'indépendance et de l'activité politique de l'individu, nous irions toujours de mal en pis. Il a affirmé encore que, hors de France, les idées philosophiques du xviiie siècle et les institutions consécutives à ces idées n'avaient eu aucun succès. Or, en dépit de sept à huit révolutions politiques au xixe siècle, l'état social paraît aussi solide en France qu'en aucun Etat de l'Europe. La liberté de travailler, d'écrire, de parler et de s'associer est en France à l'heure actuelle au moins aussi large, aussi ample que dans aucun Etat du continent. Les associations de tous genres en ce moment pullulent à souhait chez nous, je pense. Et, d'autre part, les nations, nos voisines, semblent bien être entrées dans la voie où nous avons marché avant elles : elles pratiquent après nous le suffrage universel, ou peu s'en faut ; elles ont adopté, ou peu s'en faut, notre égalité devant l'impôt, le service militaire général, l'admission égale aux fonctions publiques. Il n'y a pas jusqu'à l'Angleterre, si exemplaire aux yeux de Taine, qui n'ait dévié dans la même direction. L'Etat s'y mêle de choses dont il affectait jadis de ne pas s'occuper. Quant aux corps locaux, aux municipalités, elles font chez elle des choses qui ressemblent fort à du socialisme (1). Je ne juge pas ces innovations, je les constate. Je n'en veux pour le moment tirer qu'une conséquence : puisque

____

(1) Voir le livre de M. Boverat, *Le socialisme municipal en Angleterre.*

l'évolution européenne ressemble assez à la nôtre, il faut que les hommes qui ont conduit la nôtre, les yeux fixés sur l'homme général, ne se soient pas tant mépris sur les éléments constitutifs, les besoins, les désirs de cet homme, ni qu'ils aient si complètement rompu avec le sens commun de l'humanité.

CHAPITRE III

Dans le livre III de *L'Ancien Régime*, Taine a peint avec un soin amoureux quatre portraits : Montesquieu, Voltaire, Diderot, Rousseau. Il justifiait les proportions considérables données à ces peintures par ce fait que les originaux avaient capitalement influé sur le dogmatisme des assemblées et des gouvernants de la révolution. Il marquait bien déjà que Rousseau avait le plus influé des quatre ; mais il ne disait pas qu'il eût influé seul ou à peu près ; cependant cherchez dans les tomes suivants de l'ouvrage de Taine, vous n'y trouverez guère plus que Rousseau. Je ne vois nulle part que Taine ait attribué à Montesquieu, à Voltaire, à Diderot une action précise sur telle ou telle démarche des gouvernants révolutionnaires ; au contraire, dans une foule d'endroits, Rousseau est allégué comme la source précise d'où sortirent telles doctrines, tels discours, tel détail constitutionnel. Il y a une thèse Rousseau ; je ne vois pas qu'il y ait, en pendants, la thèse Montesquieu, la thèse Voltaire.

Ses preuves touchant l'influence de Rousseau sont de trois sortes :

1° Quelques mémorialistes de l'époque révolutionnaire déclarent qu'ils ont entendu en telle et telle circonstances quelqu'un de leurs contemporains citer, ou alléguer, ou admirer Rousseau. Exemple : Mallet du Pan a entendu Marat commenter le *Contrat social* dans un lieu public. Une douzaine d'exemples de cette espèce suffisent à Taine (et à d'autres) pour qu'il se croie fondé à nous dire : « on voit que le livre de Rousseau est dans toutes les mains ». Pas dans celles des paysans, à coup sûr, ni même dans celles des ouvriers et artisans des villes. Et parce que tel homme cite Rousseau, vous croyez, sans autre preuve, qu'il l'a lu ? — Pour moi, je n'en suis pas sûr. Lorsqu'un auteur est devenu célèbre, quantité de gens, j'en ai fait l'expérience, en parlent hardiment comme s'ils l'avaient lu. D'autres l'ont lu en courant, et l'interprètent à tort et à travers. D'autres, qui l'ont lu plus attentivement, y mêlent du leur et ce qui n'est qu'à eux est naturellement ce qu'ils estiment le plus dans l'auteur, et ce qui influe davantage sur leur esprit. S'imaginer que beaucoup de gens se pénètrent assez d'une lecture pour y conformer leur conduite, attribuer aux lectures que font les esprits ordinaires, assez faiblement intellectuels, plus d'effet, plus d'influence, qu'à leur caractère, à leurs passions, aux circonstances stimulantes ou déprimantes de leur vie, est le penchant d'un philosophe de cabinet qui juge les hommes d'après lui-même. Et encore faut-il savoir que cet homme, exceptionnellement intellectuel, est toujours quelque peu dupe de ses habitudes, de ses goûts, de sa profession ou quasi profession de penseur, et en toute sincérité se croit plus purement intellectuel qu'il ne l'est en réalité, et que notre nature, finalement, ne le permet.

2e Sorte de preuve : La théorie de la souveraineté du peuple professée par les assemblées de la Révolution paraît avoir la plus entière similitude avec les idées exposées par Rousseau dans le *Contrat social*. Nous débattrons plus loin cet argument.

3e Sorte : une similitude plus profonde, entre Rousseau et nos révolutionnaires, c'est qu'ils ont la même façon de raisonner les choses politiques. Ils conçoivent un homme abstrait, lui supposent tels besoins, tels sentiments, et là-dessus imaginent des institutions qu'ils prétendent devoir convenir également aux hommes réels de n'importe quel pays et de n'importe quel temps.

Admettons la similitude. Voici ma question : Cette façon de raisonner, nos révolutionnaires la tiennent-ils de Rousseau ?

Il est difficile de démontrer que Rousseau n'y soit pour rien, mais il est très aisé de prouver, Taine en main, que pour raisonner, comme ils l'ont fait, les révolutionnaires n'avaient pas besoin de Rousseau, que, Rousseau inexistant, ils auraient raisonné de même, qu'il est donc fort possible que Rousseau n'y soit pour rien. Je dis que cela est aisé à prouver, Taine en main. Il n'y a qu'à ouvrir son histoire de la littérature anglaise. On trouvera là un passage où il démontre que l'esprit français, incapable d'embrasser la complexité de la nature humaine, n'a jamais su tirer du spectacle si divers des hommes réels, qu'une abstraction, un extrait mince, l'*homme général*, et que déduire de là géométriquement des conséquences chimériques.

Dans celui de ses livres, qui nous occupe en ce moment, dans *L'Ancien Régime*, Taine prétend constater la même infirmité de l'esprit français. Il est vrai que cette fois, il s'agit d'un esprit temporaire, qui commence seulement à l'époque de Malherbe, — mais c'est assez pour notre débat, puisque sans conteste, Malherbe et l'esprit en question sont suffisamment antérieurs à Rousseau.

*
* *

Assurément à l'Assemblée Nationale, à la Législative, à la Convention, Rousseau a été souvent cité, allégué. Mais on n'a guère moins cité, allégué Voltaire, Montesquieu, la révolution Américaine ; et l'on a certes abondamment cité Rome, Athènes et Sparte, Lycurgue, Brutus ; que sais-je ?

Il y a, dans Montesquieu au moins deux aphorismes qui semblent avoir inspiré deux des institutions capitales de la révolution. Montesquieu avait dit : « Le peuple est admirable dans le choix de ses magistrats » — et — « La séparation rigoureuse des pouvoirs, exécutif, judiciaire, législatif est le fondement de toute bonne constitution ». L'Assemblée nationale paraît bien avoir suivi les conseils de Montesquieu lorsqu'elle accorda au peuple l'élection des députés, des juges, des évêques, des curés, etc., etc., et lorsqu'elle refusa obstinément à ses membres la faculté d'entrer au ministère. Quant à Voltaire, les marques de son influence sont visibles sur une foule de réformes accomplies par nos assemblées. Vous trouverez l'énumération de ces mesures dans l'excellent petit volume de M. Lanson sur Voltaire (chapitre intitulé : la philosophie de Ferney).

Je ne veux pas pour cela dire qu'à défaut de Montesquieu, de Voltaire, nos assemblées n'eussent jamais songé à faire aucune de ces réformes. Je ne veux pas dire non plus, en sens inverse, que la pensée de Rousseau n'ait en aucune façon, influé sur l'esprit de personne ; je reviendrai sur ce sujet ; Taine m'y ramènera.

*
* *

Il faut rendre à Taine cette justice ; il s'est parfaitement gardé de projeter sur l'Ancien Régime les trop flatteuses images qu'il s'était formées du Moyen Age. Cet Ancien Régime, il l'a parcouru, il l'a pénétré d'un regard ferme et clairvoyant... Le portrait qu'il a cette fois tracé est suffisamment fidèle ; il est admirablement vivant et coloré.

Le trait saillant, et qui ressort à l'excès, c'est que les privilégiés continuent d'être payés et très chèrement pour des offices qu'ils ne remplissent plus du tout, c'est le cas des nobles — ou qu'ils remplissent insuffisamment ou d'une façon plutôt nuisible ; c'est le cas du clergé et du roi.

D'ailleurs, immensément riches, ils détiennent à 300.000 qu'ils sont, au plus, la moitié du sol français,

et probablement beaucoup plus que la moitié de la richesse mobilière du pays.

Payés pour ne rien faire ou pour mal faire, ils le sont
de deux façons, par l'exemption des charges (qui pèsent
d'autant plus sur le reste de la nation), exemption des impôts, des corvées, du service dans l'armée, dans la mi-
lice ; et payés par les impôts qu'ils lèvent eux-mêmes sur
le pays à titre de seigneurs, de propriétaires ; payés encore par les riches traitements attachés aux emplois civils et militaires qui leur sont exclusivement réservés ;
payés par les pensions qu'ils tirent de la complaisance
du roi. C'est pourquoi ils sont très lourds aux épaules
du peuple.

Selon Taine, qui ici exagère un peu, je crois, les impôts superposés, que lèvent les seigneurs, les prêtres et
le roi, ne laissent que 20 0/0 de son revenu au produc-
teur ; c'est de quoi ne pas mourir de faim ; et encore y
faut-il une suite ininterrompue d'assez bonnes années.
Or, la nature ne donne pas invariablement de bonnes
années, surtout à ceux qui cultivent mal ; et ici on cultive
mal, à la fois par force et volontairement.

Par force, les impôts ne laissent pas de quoi réaliser
des avances applicables à l'amélioration du sol. Et si,
par chance, quelques rares individus sont en état d'amé-
liorer, ils se gardent de le faire : Le fisc guette le moindre
signe d'aisance pour accourir et infliger un surcroît d'impôt à cet imprudent ; il ôte ainsi jusqu'à l'envie de pro-
gresser, de s'enrichir, même d'atteindre à l'aisance. On
travaille donc sans ardeur et mal. On a peu de bestiaux,
peu de fumiers. La bonne terre de labour rend quatre

ou cinq pour un. Vienne une mauvaise récolte, la misère générale devient la famine. Taine note qu'à partir de 1714, la famine, ou un état qui en approche, est la condition constante du peuple jusqu'en 1789. Les trois ou quatre années, qui précèdent 89, sont des plus dures. La faim sévit, et l'horrible peur de manquer tout à fait de pain. Cette crainte agite fortement les populations ; les voilà déjà levées, et en mouvement, les unes pour retenir de force ce qui reste de céréales chez elles, les autres pour en obtenir, de gré ou de force : sédition du dénuement, avant celles des passions politiques.

Finalement : L'ancien régime mène le peuple à la famine par les privilèges économiques du roi, des nobles et du clergé.

Il mène à la banqueroute par l'arbitraire du pouvoir royal.

Il mène à la révolte générale par l'institution même, qui est chargée de tempérer l'absolutisme royal (voyez ce qu'est l'opposition *parlementaire* dans les années 1787 et 1788).

Il donne aux masses populaires, préparées pour la révolte, un état-major d'hommes violents, audacieux, habitués à se battre avec des agents de l'autorité ; ce sont ces milliers de contrebandiers, de braconniers, de faux-sauniers, de mendiants, voleurs et chauffeurs, qui courent le pays, échangeant des coups de sabre ou même des coups de fusil avec les soldats de la Ferme, les gardes-chasse et la maréchaussée.

En même temps, il fait à l'armée, aux soldats chargés de la défense de l'ordre, un sort tel que, rebutés, désaffectionnés à fond, ces soldats sont tout prêts à passer du côté de l'émeute. Bref, l'Ancien Régime s'est miné lui-même ; il est désagrégé ; ses parties ne tiennent plus ; il peut d'un seul coup tomber en dissolution.

Quand on est arrivé au bout de ce livre, il est naturel, il est forcé qu'on se dise : « De ce train-là, les Français marchent sûrement à une révolution : elle peut venir tôt ; elle peut tarder à venir, mais, tôt ou tard, elle viendra. (Au reste depuis cinquante ans, des esprits clairvoyants la prédisent). Par qui sera-t-elle faite ? par une foule d'agents, venant de partout ; car, les classes différentes sont d'accord pour la vouloir. Sera-t-elle d'un accomplissement aisé et pacifique, ou sera-t-elle combattue et par suite plus ou moins meurtrière ? Cela dépendra de circonstances qui échappent à la prévision. Ces gens du xviiie siècle pensent que la révolution se fera sans coup-férir ; mais nous, hommes du xxe siècle, même *si nous écartons le souvenir des choses arrivées*, nous ne pouvons partager cette illusion, grâce à Taine — à Taine qui nous a montré, dès les années antérieures à la révolution, l'entrée en scène d'une sorte de brute colossale. Des multitudes affamées, aigries, haineuses, soupçonneuses, violentes, brutales, sont là sous les pieds des hautes classes, comme un immense lit de matières inflammables ou explosibles. Qu'un brandon vienne à y tomber, ce sera une effroyable catastrophe. Et il y a, ce semble, bien des chances pour que le brandon tombe et que la catastrophe se produise. »

Ainsi Taine historien est, je ne dis pas l'absolu contradicteur, mais le réducteur de Taine philosophe, ou psychologue, lequel a voulu nous prouver que la révotion fut avant tout le résultat d'une opération intellectuelle, mal faite par un esprit trop abstrait, tandis que le Taine historien nous fait très bien présager ce que sera en gros la révolution, en vertu des intérêts et des passions mises en jeu, et par là nous donne à penser qu'en l'absence de Voltaire et de Rousseau, la révolution aurait encore pu être en gros ce qu'elle a été.

CHAPITRE IV

L'ANARCHIE SPONTANÉE. — LES CONSEILS QUE TAINE
AURAIT DONNÉS AUX CONSTITUANTS

Des six volumes consacrés à l'histoire de la Révolution, les deux premiers portent un titre dramatique : L'Anarchie ; et dans le premier de ces deux volumes, le premier livre est intitulé « L'Anarchie *Spontanée* ». Ce premier livre, composé de quatre chapitres, raconte uniquement des émeutes, des soulèvements populaires, qui ont pour théâtre la France entière. Ces émeutes justifient à peu près le terme d'anarchie employé par Taine, car d'abord elles sont nombreuses, et de plus elles éclatent simultanément dans des localités éparses sur la surface du territoire national. Supposons qu'aujourd'hui de pareils troubles vinssent à se produire à peu près en même temps dans vingt endroits de la France situés un peu de tous côtés, nous-mêmes parlerions volontiers des dispositions anarchiques du peuple.

En sus des troubles que Taine mentionne, il en a existé qu'il ne mentionne pas, certainement, car, très justement, on a pu reprocher à Taine de s'être documenté en hâte et avec insuffisance. Donc, n'ayant pas tout su, il n'a pas tout dit. Et, outre les points troublés, signalés par lui, nous pouvons, nous devons même logiquement supposer dans les vides, dans les blancs de son érudition d'autres points également troublés. Il est inadmissible que, se documentant au hasard, Taine soit tombé sur tous les endroits où l'émeute a sévi, sans en manquer aucun : ce serait là un résultat bien invraisemblable.

Mais que signifiait dans l'esprit de Taine, cette épithète de « spontanée »? Il a voulu, je crois, distinguer par là les désordres, auxquels le peuple s'est porté de lui-même avant que la Constituante n'ait fait son œuvre, d'avec des désordres qui furent, suivant lui Taine, les effets des lois de la Constituante. Et cette épithète est moins justifiable, car si les désordes qualifiés de spontanés ne furent pas les effets du gouvernement *constitutionnel*, ils furent les effets de l'Ancien régime, et, par cette raison, ni plus, ni moins, spontanés que les autres.

*
* *

Nous n'avons pas ici à juger les récits de Taine en tant qu'exacts historiquement, nous avons à relever les idées, les sentiments, bref la psychologie qu'il attribue à ces foules en mouvement.

C'est d'abord, nous dit-il, une souffrance physique, la faim, et une inquiétude de l'ordre économique, très stimulante de sa nature, la peur de manquer de pain.

La récolte a été médiocre depuis plusieurs années, et de plus, gâtée en beaucoup d'endroits par les orages.

Quantité de gens souffrent réellement de la famine, ou sont en transes parce qu'ils la prévoient.

Seconde cause d'un ordre bien différent : juste à ce moment, la royauté arrivée par la mauvaise gestion de ses finances devant la banqueroute imminente et la difficulté de pourvoir aux dépenses les plus nécessaires, conçoit le dessein de convoquer les représentants de la nation pour en obtenir de nouveaux impôts. Le roi, la cour, les ministres, tous sentent que le succès de ce dessein est lié à certaines conditions. Il faut offrir au peuple l'espérance d'un régime meilleur, où les impôts seront répartis avec plus d'équité, où les abus les plus criants seront réformés.

La réunion des États-Généraux est annoncée, promise au peuple en novembre 1787. Le 5 juillet 1788 le gouvernement demande à tous les corps et personnes compétentes, des mémoires à ce sujet. Le 8 août, il fixe la date de leur tenue. Le 5 octobre, il convoque les notables pour en délibérer avec eux. Le 27 décembre il accorde une double représentation au Tiers... Le 24 janvier 1789, il règle la forme des convocations... Tous ces appels et tous ces actes sont autant de coups qui retentissent dans l'imagination populaire : *Sa Majesté*, dit le règlement royal, *a désiré que des extrémités de son royaume et des habitations les moins connues, chacun fut assuré de faire parvenir jusqu'à elle ses vœux et ses réclamations.* Ainsi la chose est bien vraie, tout à fait certaine, on invite les Français à parler, on les consulte, on veut les soulager ; désormais leur misère sera moindre ; des temps meilleurs vont commencer. L'imagination populaire ne s'étonne pas trop du langage encourageant que lui tient le roi. Depuis des siècles, en France, dans les chaumières où l'on souffre, de père en fils on se répète : *Oh ! si le roi savait, car le roi est bon et ce sont ses ministres qui font le mal ! Si le roi savait, nous serions heureux ; mais il est trop loin, trop bien gardé, circonvenu ; il ne sait pas !* Et l'imagination populaire se dit que le roi sait maintenant et que, sachant, il veut naturellement le bonheur de de son peuple. « Or le roi « peut tout. Alors qu'avons-nous à craindre, et qu'est-ce « qui nous empêche de tout espérer ? » Et l'on espère tout, vaguement, violemment. Comme les vœux du roi pour son peuple concordent censément avec les désirs du peuple lui-même, celui-ci, dans les campagnes, se prête avec un zèle concevable à prévenir les vœux du roi. Le résultat est tel qu'un haut fonctionnaire écrit aux ministres : *Ce n'est pas une émeute isolée, comme à l'ordinaire... la partie est liée et dirigée par des principes uniformes ; les mêmes erreurs sont répandues dans tous les esprits... Les principes donnés au peuple sont que le roi veut que tout soit égal, qu'il ne veut plus de seigneurs et d'évêques, plus de rangs, point de dîmes, de droits seigneuriaux. Ainsi ces gens égarés croient user de leurs droits, et suivre la volonté du roi... L'insurrection contre la noblesse et le clergé est aussi vive que générale... Le peuple déclare qu'il ne veut rien payer, ni impôts, ni droits, ni dettes.*

Ce témoignage est relatif à l'état de la Provence en mars et avril 1789, alors que les États-Généraux n'existent pas encore, mais, du plus au moins, l'état mental des foules, sinon leur conduite, est, dans toute la France, le même qu'en Provence.

Rien n'est mieux témoigné, rien n'est plus incontestable que ces faits : partout où les masses arrêtent les convois de grains, pillent les magasins de blé, partout où des attentats se commettent (déjà) contre les personnes nobles, contre les hauts dignitaires du clergé, de l'administration, ou contre les propriétés, les droits de ces personnes, le peuple accompagne ses actes de *Vive le roi*, se réclame du roi, ou par d'autres signes équivalents, fait entendre qu'il se croit en accord avec la volonté du Roi.

Ces principes donnés au peuple, dont parle la lettre citée plus haut, qui les a donnés? La réponse est aisée : c'est le roi, c'est le gouvernement qui les a donnés... Oh, sans le vouloir, assurément; mais là n'est pas la question ; que ce gouvernement l'ait ou non voulu, les idées populaires émanent de lui, elles sont issues de sa conduite imprudente jusqu'à l'aveuglement.

*
* *

Taine parle très bien du sentiment d'espérance indéfinie qui grisa les foules ; il aperçoit ce que cette ivresse avait de dangereux, ce qu'elle devait produire de funeste, étant donné l'état mental d'un peuple si mal préparé par les leçons de l'ancien régime, mais, bienveillant et optimiste pour tout ce qui vient d'un certain côté, il tourne l'imprudence énorme du pouvoir à son éloge. Il ne voit là que la bonté paternelle du roi, et des bienfaits dont on

eût dû lui être reconnaissant, et ce lui est seulement occasion de louer le caractère de ce prince. Il oublie le besoin d'argent qui est à l'origine de ces bienfaits, et l'envie d'obtenir cet argent au meilleur compte possible. Il
ne voit pas les choses dans ce raccourci exact, à savoir
que tout à l'heure le roi, au lieu de consentir à débattre
ce prix avec la nation, prétendra le fixer lui-même — à
quoi la nation, sa partie la plus intellectuelle du moins,
se refusera naturellement, et *légitimement*.

En somme, Louis XVI est le premier en date des auteurs de la Révolution. Il y a sa part de responsabilité,
et si d'aucuns ont péché par méconnaissance des Français d'alors, il est du nombre, lui, le mieux placé sans
conteste pour être bien instruit. Par exemple, on ne peut
pas dire, je crois, qu'il ait failli pour avoir lu le Contrat
Social, ou s'être imbu de la méthode abstraite des philosophes.

*
* *

Quoi qu'il en soit, voici que le peuple est entré en
scène ; Taine vient de nous raconter la première de ses
Jacqueries, et il n'a pas manqué à nous expliquer la psychologie d'où elles procèdent. Il nous explique très bien
que c'est à la fois la psychologie générale des foules et
la psychologie spéciale des foules françaises, telles que
le passé historique les a faites. Je ne trouve pas, pour
mon compte, que sa psychologie soit fausse, hélas non !
Je ne lui reprocherai pas d'avoir donné dans ses volumes une si large place aux excès populaires. Cela fait

précisément son originalité comme historien de la Révolution. Avant lui, cette histoire avait été présentée vraiment comme un peu trop idyllique à l'exception de
cette partie qui a nom la Terreur, laquelle, décidément,
ne se prêtait pas à endosser le caractère d'une idylle.
Mais je lui reprocherai des termes amers, un ton colé-
rique ou méprisant. S'il y a eu un taureau populaire, —
et j'accorde qu'il y a eu du taureau, — il faut juger ses
charges furieuses contre ce qui le blesse, dans un sentiment plus froid, qui serait en même temps plus équitable ; bref, il faudrait le juger en taureau. Après cela, il
est très bon qu'on nous avertisse des dangers qu'on peut
courir avec ce taureau dans des circonstances données.
Et Taine, qui nous a avertis fortement, eût fait pour le
mieux s'il n'avait fait que cela.

*
* *

Cependant ce peuple qui, agissant tumultueusement
dans les rues des villages et sur les grands chemins,
commet des actes vraiment déplorables, on le convoque
dans des comices ; il y paraît, il y parle, y écrit ou y
dicte ses plaintes et ses vœux : ce sont ses *cahiers*. Taine
paraît ne pas les avoir consultés avec assez d'attention.
Il eût été frappé, lui, psychologue, d'un contraste qui est,
en effet, saisissant. Il eût aperçu là ce même peuple avec
des attitudes, des gestes, une physionomie, un caractère, bien différents de tout ce qu'il montrait dans la rue.
Et Taine eût sans doute soupçonné que l'empire des circonstances extérieures, des formes, si vous voulez, pou-

vait s'étendre fort loin : par exemple que les résultats peuvent différer singulièrement selon que les hommes s'assemblent dans un endroit clos, à une date préfixée, pour un dessein défini, sous des règles convenues, ou qu'ils s'assemblent brusquement dans l'espace libre.

Les cahiers de 89 indiquent plutôt un peuple de sens rassis, un peuple rempli de bons sentiments. Leurs auteurs font entendre beaucoup de plaintes, sans doute, mais convenons qu'ils avaient de bien nombreux sujets de se plaindre ; ils réclament des réformes sur bien des points, mais c'est aussi que bien des points étaient à réformer. Ils parlent parfois avec l'accent de l'impatience, mais pour bien juger de ce point il faudrait peut-être avoir eu à souffrir les mêmes choses qu'eux (1).

(1) « Sire, écrit un village de Champagne — Culmon, près Langres, — tout ce qu'on nous envoyait de votre part c'était toujours pour avoir de l'argent. On nous faisait bien espérer que cela finirait, mais tous les ans cela devenait plus fort. Nous ne nous en prenions pas à vous, tant nous vous aimions, mais à ceux que vous employez et qui savent mieux faire leurs affaires que les vôtres. Nous croyions qu'ils vous trompaient, et nous nous disions dans notre chagrin : Si notre bon roi le savait !... Nous sommes accablés d'impôts de toutes sortes ; nous vous avons donné jusqu'à présent une partie de notre pain, et il va bientôt nous manquer si cela continue. Si vous voyiez les pauvres chaumières que nous habitons, la pauvre nourriture que nous prenons, vous en seriez touché ; cela vous dirait mieux que nos paroles que nous n'en pouvons plus et qu'il faut nous diminuer... Ce qui nous fait bien de la peine, c'est que ceux qui ont le plus de bien paient le moins. Nous payons les tailles et tout plein d'*ustensiles*, et les ecclésiastiques et les nobles, qui ont les plus beaux biens, ne payent rien de tout cela. Pourquoi donc est-ce que ce sont les riches qui payent le moins ? Est-ce que chacun ne

Souvent, au contraire, ils expriment une défiance touchante d'eux-mêmes ; ils soupçonnent leurs vœux de hardiesse, et se déclarent prêts à accepter des atermoiements, des demi mesures, des satisfactions minimes, en attendant mieux.

*
* *

Le 5 mai 1789, les Députés du Tiers arrivent à Versailles, porteurs des réclamations de la nation. De ces réclamations, les unes touchent le souverain, les autres le clergé et la noblesse. Au souverain, la nation réclame un droit qui n'est pas tout à fait nouveau, tout à fait extra-historique, puisque le Moyen Age en a connu au moins la formule ; c'est le droit de consentir les impôts demandés par le prince, d'en débattre l'emploi avec les ministres du prince, et enfin de surveiller cet emploi. Au prince encore, elle réclame un droit nouveau : celui de participer au gouvernement du pays, de partager avec le roi l'exercice d'un des pouvoirs publics, le pouvoir législatif...

Si ce droit n'est pas fondé sur des concessions ou des transactions antérieures, il l'est certainement sur les désirs et les vouloirs de la nation. Tout ce qui compte dans cette nation comme intelligence, ouverture d'esprit, degré de civilisation, tout ce qui doit être compté, même par un aristocrate comme Taine (je devrais dire surtout par un aristocrate comme Taine), n'en est plus à croire

doit pas payer selon son pouvoir? Sire, nous vous demandons que cela soit ainsi parce que cela est juste, etc...

au droit divin des rois, et pas davantage au droit qu'aurait le roi de gouverner arbitrairement les Français à titre de propriétaire héréditaire du sol et des habitants.

Ce sont là concepts arriérés, dépassés, dont il ne faut pas prétendre imposer le respect et surtout les conséquences pratiques à des esprits libérés par la culture de trois siècles. Notez bien que les nobles eux-mêmes, intéressés par un autre côté à la conservation de l'ancien régime, protestent à cette heure contre le régime de l'arbitraire, et désirent également avoir part au pouvoir législatif.

Aux ordres privilégiés, le Tiers-Etat, c'est-à-dire la nation, réclame l'abandon de deux privilèges exorbitants ; le privilège qui les exempte de la plus grosse part des impositions ; le privilège de composer les deux tiers du pouvoir consultatif (ou législatif, selon ce qui sera décidé ultérieurement au sujet du régime politique). Ce privilège peut rendre vaine la participation du troisième tiers qui n'est pas moins que la nation.

A l'un de ces deux ordres, à la noblesse, le Tiers-Etat réclame, en outre, l'abandon d'impôts, de redevances et d'usages onéreux, qui ne sont plus compensés par des services correspondants et équivalents, et partant injustes, dans le sens le plus exact du mot.

Que ces réclamations soient l'expression exacte des désirs, des vœux du pays, il n'y a point à en douter. Les cahiers rédigés par les assemblées de bailliage, par les assemblées électorales, nous le certifient.

A présent, je le demande, faut-il croire avec Taine

que les gens de toute classe, de toute profession, de tout
étage intellectuel, bourgeois intelligents et instruits des
villes, humbles cultivateurs des campagnes, éprouvent
de concert ces désirs, forment ensemble ces vœux en
suite de l'idée qu'ils se sont faite d'un homme abstrait,
d'un homme général ? Ou faut-il croire plutôt que c'est
la suite, l'effet, des souffrances et des gênes que l'état
actuel leur impose, qu'ils sentent réellement, qu'ils déclarent d'ailleurs expressément, qu'ils énoncent avec
d'abondants détails et des circonstances si précises, si tri-
viales même, qu'elles ne paraissent vraiment pas être
le fruit d'une opération abstractive, fut-ce la plus élémentaire ?

*
* *

Les représentants du Tiers sont arrivés pleins d'espoir,
d'espoir dans le roi. Ils préjugent de ses intentions
d'après un caractère qu'ils lui prêtent, et d'après des
actes dont ils croient comprendre le mobile. De lui-
même le roi n'a-t-il pas convoqué les États généraux,
appelé autour de lui les députés de la nation ? N'a-t-il
pas de lui-même accordé au Tiers une représentation
égale à celle des deux ordres privilégiés ?

Cela n'indique-t-il pas assez clairement qu'il désire ou
accepte l'existence d'une seule et unique assemblée ?
Dans la supposition contraire, quel sens aurait cette concession ? Aucun (1).

(1) Tout le monde en jugeait ainsi, sans en excepter les conseillers ordinaires de Taine, comme Morris, à qui la concession

Les évènements qui devaient déconcerter leur optimisme ne se firent pas attendre. Le 20 juin, on les met
hypocritement hors de chez eux, dans la rue ; le 23 juin,
on les convoque pour subir les remontrances du roi, et,
ce qui est plus grave, la déclaration de ses volontés sou-
veraines.

Dès cette première heure, ce premier pas, Taine dé-
sapprouve et blâme les Constituants. Ils n'ont pas accepté les concessions que la déclaration royale conte-
nait !

Or qu'est-ce que le roi concédait ? Ou plutôt, d'abord,
qu'est-ce qu'il ne concédait pas ? Il ne concédait pas
l'existence d'une assemblée unique, nationale, formée
des députés des trois ordres, tous égaux en droits, en
pouvoir. Et il faut bien avouer qu'un pareille assemblée
était une brusque et énorme nouveauté. A elle seule,
elle était toute une révolution, je reviendrai sur ce point.
— Il ne concédait à personne, pas même aux futures assemblées distinctes de la noblesse, du clergé, du Tiers-
Etat, la latitude de toucher aux droits réels et honorifiques de la noblesse, non plus qu'à la discipline, au régime intérieur du clergé, tant séculier que régulier. Il ne
concédait pas l'égale aptitude aux fonctions publiques et
notamment l'aptitude aux grades militaires. Bref, à peu
près tout le demeurant du Moyen Age, et le plus pesant
de ses restes, était réservé, mis à part, déclaré intangible.

Il concédait au futur parlement le pouvoir de dresser

de la double représentation du Tiers fait dire ce mot : « Le roi a
été d'abord pour le peuple. »

avec ses ministres le budget annuel, d'en décider les dépenses et les recettes. A cela il ajoutait une promesse : si les deux ordres privilégiés voulaient bien renoncer à l'exemption d'impôts dont ils jouissaient, il promettait de ratifier cette généreuse résolution.

Selon Taine, le roi, en accordant à la nation la discussion et le vote du budget, faisait la concession décisive, celle qui devait en amener d'autres inévitablement, *car, dit-il, qui tient les cordons de la bourse, tient tout* (1)... Sans doute, mais à une condition, c'est que le percepteur, accompagné de garnisaires, n'aura pas le pouvoir d'ouvrir votre bourse malgré vous ; c'est-à-dire qu'on aura le courage de lui résister, et la force qui fait triompher cette résistance. La fameuse concession n'est rien en elle-même, elle ne vaut que par le concert courageux des contribuables, lequel est chose difficile et rare ; et finalement elle ne vaut que par l'emploi résolu de la force, par l'acceptation des moyens révolutionnaires : au total, concession purement verbale.

Le roi n'était pas homme à manquer de parole, on devait se confier à sa bonne volonté. Point dépensier, point autoritaire, plutôt débonnaire et faible, il semblait justement fait pour s'accommoder d'une royauté constitutionnelle. Je trouve l'argument de Taine assez bon pour la thèse contraire. A mon sens les députés du Tiers devaient se dire : *Quelque homme qu'il soit, un roi, qui a exercé une fois la royauté absolue, est impropre au mé-*

----

(1) On verra plus tard Taine estimer de nulle importance cette même concession qu'il juge ici décisive.

Lacombe.   6

tier de roi constitutionnel. *Il ne voudra jamais faire ce métier jusqu'au bout, car si, par un miracle de caractère, il était disposé à accepter pour lui-même cette déchéance, sa femme, ses enfants, ses proches, ses courtisans, une partie de ses sujets l'en empêcheront. On lui représentera qu'il dément ses aïeux, qu'il trahit sa famille, ses partisans, qu'il sacrifie l'intérêt même de son pays, qu'il manque à son honneur de roi.* Voilà ce qui serait à craindre avec un roi qui aurait un caractère personnel, qui aurait *du caractère.* « Ici, le cas est pire, et « le danger, qui n'était que probable, devient une certi- « tude. Tenons-nous pour certains que cet excellent « prince sera trop bon pour faire assez de peine à sa « femme, à ses frères, à ses familiers, à tout son entou- « rage. Il a adopté puis chassé Turgot ; autant il en fera « de Necker. C'est un être vacillant, une *nolonté.* Ce « n'est pas lui qui est roi ; c'est, pour le moment, le « comte d'Artois. Demain ce sera un autre. Donc, pre- « nons avec lui toutes les sûretés que nous pourrons « prendre. »

Taine dit : *Ils devaient accepter et attendre. Mais quoi ! Ils rejettent les réformes limitées, les transformations graduelles. Selon eux leur droit et leur devoir sont de refaire la société de fond en comble. Ainsi l'ordonne la raison pure qui a découvert les droits de l'homme et les conditions du contrat social.* Et là-dessus Taine s'exalte et part dans une envolée oratoire : *Appliquez le contrat social si bon vous semble, mais ne l'appliquez qu'aux hommes pour lesquels on l'a fabriqué, aux hommes abstraits qui ne sont d'aucun pays... entités qu'on a for-*

mées en retranchant expressément toutes les différences qui distinguent un homme d'un autre, un Français d'un Papou, un Anglais moderne d'un contemporain de César.

Reprenons contact avec la terre et regardons d'un œil calme autour de nous. Qu'y voyons-nous? Des députés qui, ayant reçu de ce qu'ils croient bien sincèrement être la nation (Taine lui-même ne contesterait pas ce point capital) une mission déterminée, se refusent à transiger sur cette mission, à écarteler leur mandat, à en abandonner, sur une sommation hautaine, les articles qui tiennent le plus à cœur à leurs manda-taires, par exemple l'abolition, ou au moins l'atténua-tion des droits féodaux — articles auxquels d'ailleurs eux-mêmes adhèrent en toute conscience et avec ardeur.

Taine, hypnotisé vraiment par son homme abstrait et par le Contrat social, oublie étonnamment que les députés ont derrière eux des électeurs qui leur ont enjoint avec précision de réaliser telles et telles réformes, de ne pas se séparer avant de les avoir réalisées, et même (en bien des cahiers) sans avoir donné à la France la constitution politique qu'on estime faire défaut.

Il oublie que ces députés ont dû tenir compte honnête-ment des injonctions de leurs électeurs, et qu'enfin ces électeurs, que les députés n'ont pu manquer d'avoir présents à l'esprit, sont des Français existant en chair et en os, et nullement les hommes abstraits de Rous-seau.

Et cela apparaît assez fortement dans les occasions décisives : par exemple le jour où ils trouvent fermée la salle de réunion, et le jour où le roi leur signifie de se séparer. Quand Mirabeau répond : *Nous sommes ici par la volonté du Peuple*, ce n'est pas d'un peuple imaginaire, du peuple idéal de Rousseau qu'il se réclame, c'est d'un peuple réel, précis ; de celui qui leur a dit : *Vous ne vous séparerez pas sans avoir donné à la France un régime politique fixe, et sans avoir assuré l'existence, la continuité de ce régime.*

Ils auraient dû attendre ! — Et la nation, elle, aurait-elle attendu ? Qui peut nous assurer pareille chose ? Personne, Taine moins qu'un autre ; car lisez tout son *Ancien Régime*, et dites-moi si la conclusion implicite du livre, si l'impression dominante qui en sort, n'est pas celle-ci : La France était à bout de patience (1) ! Et si nous ouvrons son livre de l'*Anarchie*, qu'y voyons-nous ? Ceci : Le peuple, les masses, étaient si peu disposés à attendre qu'elles avaient déjà devancé l'abolition légale des droits féodaux par l'abolition de fait. Le tableau de l'*anarchie spontanée*, que Taine s'est complu à faire, nous persuade-t-il que les masses fussent aisément rentrées dans un inoffensif repos ? Non, assurément.

Il fallait attendre... ce que le roi concédait aurait amené d'autres concessions... *La preuve*, dit Taine, *c'est que six semaines plus tard, le 4 août, les privilégiés,*

(1) « Sire, disait en chaire M. de la Fare, évêque de Nancy, le
« 4 mai 1789, sire, le peuple sur lequel vous régnez a donné des
« preuves non équivoques de sa patience. C'est un peuple *martyr*
« à qui la vie semble n'avoir été laissée que pour le faire souffrir
« plus longtemps. »

dans un élan de générosité, *viendront eux-mêmes rompre toutes les entraves féodales.*

Si la déclaration du 23 juin avait été acceptée, l'*élan* du 4 août n'existait pas vraisemblablement, car cet élan, avant d'être généreux, fut un mouvement d'effroi, un geste de prudence. On voulut circonscrire l'incendie en faisant la part du feu ; bref l'élan fut la suite des troubles généraux qui suivirent l'insurrection de Paris, laquelle fut causée par l'attitude menaçante du roi. Taine, historien, se trouve ici en défaut : il n'a pas tenu compte de la succession des faits. De plus, il oublie que le roi, dans sa déclaration, avait précisément couvert de sa protection ces *entraves féodales* rompues au 4 août, et pas aussi bien rompues qu'il veut le dire. Il est bien connu qu'après le premier élan, les intéressés se ravisèrent, et quant au roi, pour obtenir de lui la publication des décrets qui *abolirent réellement,* il y fallut des sommations menaçantes, lesquelles n'eurent raison du roi que parce qu'il avait été déjà vaincu dans cette première rencontre qui suivit la déclaration.

Parmi les raisons qu'ont eu les constituants de se refuser aux ouvertures du roi, comment Taine ne voit-il pas la répugnance à accepter, comme une concession bénévole du roi, ce qu'ils considéraient comme chose due, à accepter pour les hommes, dont ils étaient les mandataires, la position insoutenable — politiquement et juridiquement — d'un peuple possédé comme une propriété par un maître. Les constituants savaient d'ailleurs qu'une concession acceptée, le concédant peut la retirer sans que le concessionnaire ait rien à dire ; un droit, une fois reconnu, reste au moins comme la justification de réclamations perpétuelles.

Cette position que Taine aurait voulu qu'on acceptât, les esprits cultivés de l'époque étaient déjà trop cultivés pour l'accepter ; elle les blessait à l'endroit de leur dignité personnelle ; et au surplus leur raison la trouvait absurde. Comment lui, Taine, un intellectuel, fait-il si peu de compte du sentiment des classes intelligentes d'alors ? Il blâme, et violemment, les intellectuels de 89. Il ne les trouve pas pratiques ; il déclare qu'ils ne savent que l'homme abstrait, méconnaissent le Français réel. Et lui, l'homme pratique, quels sont au fond ses conseils ? *Imitez les Anglais. Voys avez des Anglais et des Américains en ce moment à Paris, écoutez leurs avis.* Et voici un fait curieux : les Anglais, que Taine prend ordinairement pour juges, ou pour guides, ici, le démentent, ou se contredisent entre eux. Jefferson, Payne, approuvent hautement la conduite de l'Assemblée. Morris approuve que l'Assemblée ait refusé les offres du roi. Il va, lui, le guide préféré de Taine, jusqu'à boire à la santé des vainqueurs de la Bastille. Cela est tout au long dans son journal. Taine nous tait ce détail ; il semble se le taire à lui-même.

Mais puisque enfin l'opinion des étrangers est si importante à observer, comme avertissement salutaire, comment se fait-il que Taine, à cette date, ignore, ou semble ignorer cette opinion ? Est-il seul à ne pas savoir que dans tous les pays de l'Europe, jusqu'à la prise de la Bastille et inclusivement, les hommes les plus intelligents suivaient d'un regard plus que bienveillant, et d'un cœur ému, la marche de notre Révolution ?

Les Constituants sont des esprits chimériques ; ils ne voient que l'homme abstrait. Chimériques, Mirabeau, Adrien Dupont, Sieyès, Malouet, Mounier (Ce Mounier, l'un des rares Français dont Taine fasse cas, disons-le en passant, préside à la séance du jeu de Paume ; il participe au refus de la déclaration. Et c'est encore une chose que Taine se garde de nous apprendre).

Ces gens ne connaissent pas le Français réel ! en effet, ils veulent à toute force faire une constitution sous prétexte que la plupart des *cahiers* le leur enjoignent, et ils ne veulent pas qu'on leur interdise de toucher à ces droits féodaux que les masses rejettent avec une violence irrésistible.

Plus pratique, Taine, considérant avant tout le gouvernement anglais, le génie anglais, gronde, gourmande, avertit et conseille au nom de l'expérience anglaise, ou encore au nom d'un principe abstrait que voici : « Il « faut toujours procéder avec lenteur, par modifications « successives et graduées, dans un sentiment très pro- « noncé de respect, de fidélité ou de demi fidélité au « passé historique. » Mais ce principe est-il vraiment un principe ?

Est-ce surtout une règle faite pour rester unique et inflexible? Un conseil préalable et prémonitoire, je le veux bien, mais rien de plus ; un conseil qu'il faut balancer par d'autres.

Taine a l'esprit féru d'un certain type, d'ailleurs très vague, de diplomatie gouvernementale, de prudence po-

litique, auquel il voudrait qu'on se conformât en tout
temps, en tout pays ! Ah, il n'est pas topique, ce conseiller impérieux ! Et nous pourrions peut-être lui reprocher, à notre tour, d'avoir conçu le *gouvernant abstrait
et simplifié !*

Une courte trêve suit la séance royale du 23 juin.
Mais bientôt voici Necker renvoyé, exilé ; les régiments
étrangers appelés et établis autour de Paris en un cercle
inquiétant ; une diffusion sourde, persistante de bruits
menaçants, dissolution pour l'Assemblée, arrestation des
députés signalés par leur énergie. — Paris s'émeut, son
peuple bouillonne, se soulève ; une de ses vagues emporte
la Bastille. — Maintenant un orage fait de colère et de
crainte court par toute la France... C'est la semaine de
la grand peur. La tourmente dissipée, une organisation nouvelle, immense, apparaît, comme laissée par
cette tourmente sur le sol. En 40.000 localités de ce territoire on aperçoit les rudiments d'un corps municipal,
et une force plus ou moins armée au service de ce corps :
tout cela spontané, créé sans ordre venu d'en haut. Tout
à coup, brusquement, ces forces, en une foule de lieux,
se tournent contre le seigneur local ; le château est
assailli, il est pillé ; le châtelain lui-même est souvent
maltraité ; parfois les paysans vont jusqu'au meurtre.
L'étrange, l'énigmatique, c'est qu'en bien des endroits
épars et sans concert entre eux le peuple pille, maltraite
et tue les seigneurs, en criant *Vive le roi !* ou *Le roi le
veut !*

Que le peuple des campagnes se soit imaginé le roi hostile aux classes privilégiées, aux seigneurs notamment, qu'il se le soit imaginé aussi hostile, à vrai dire, que lui-même, peuple, cela étonne presque comme une invraisemblance. C'est pourquoi je trouve intéressant de citer deux faits assez analogues. Le hasard de mes lectures me les a procurés et sans doute une investigation systématique en trouverait d'autres. Voici ces faits :

Fléchier (*Les grands jours d'Auvergne en 1665*) dit des paysans : *Ils étaient fort hardis, et l'on remarquait qu'ils déposaient volontiers contre les nobles. Une dame de la campagne se plaignait qa'ils avaient acheté des gants, et croyaient qu'ils n'étaient plus obligés de travailler, et que le roi ne considérait plus qu'eux dans le royaume. Lorsque des personnes de qualité venaient à Clermont, ces bonnes gens les assuraient de leur protection... Ils étaient persuadés que le roi n'envoyait cette compagnie que pour les faire rentrer dans leur bien, de quelque manière qu'ils l'aient vendu, en remontant jusqu'à la troisième génération.*

Sorel (*L'Europe et la Révolution française*, T. I, page 135) écrit : *Marie-Thérèse ayant rendu en 1773, en faveur des paysans de la Bohême, une patente sur la corvée, les paysans s'imaginèrent que la reine voulait les affranchir de toute redevance, que les nobles s'y opposaient, et que les agents de l'État méconnaissaient les ordres de leur souveraine... Ils se soulevèrent ; des bandes parcoururent le pays en le terrifiant... Ils pillèrent des châteaux... Ils faillirent prendre Prague.*

Revenons à Taine : Dans l'Ancien Régime, après avoir

exposé la condition des classes rurales, il disait : *A présent, pour comprendre leur action, il faudrait voir l'état de leur esprit, le train courant de leurs idées, la façon dont ils pensent. Mais en vérité est-il besoin de faire leur portrait? Ne suffit-il pas des détails que l'on vient de donner sur leur condition?*

Effectivement, étant données les extrémités de misère et d'ignorance que Taine venait d'exposer, on préjugeait, on pressentait ce que des hommes, français ou non, dressés, c'est-à-dire abrutis par de si méchants maîtres, seraient capables de faire suivant les occasions.

Sur les paysans Taine dit encore :

Prenez le cerveau encore brut d'un de nos paysans contemporains, et retranchez-en toutes les idées qui, depuis quatre-vingts ans, y entrent par tant de voies ; par l'école primaire instituée dans chaque village, par le retour des conscrits après sept ans de service, par la multiplication prodigieuse des journaux, des livres, des routes, des chemins de fer, des voyages et des communications de toute espèce. Tâchez de vous figurer le paysan d'alors, clos et parqué de père en fils dans son hameau, sans chemins vicinaux, sans nouvelles, sans autre enseignement que le prône du dimanche, tout entier au souci du pain quotidien et de l'impôt... Toujours tourmenté, défiant, l'esprit rétréci, et pour ainsi dire racorni par sa misère. Sa condition est presque celle de son bœuf ou de son âne, et il a les idées de sa condition... Machinalement et sans lever les yeux il tire sa charrue héréditaire... Ils ne se plaignent pas, ils ne songent même pas à se plaindre ; leurs maux leur semblent une chose de nature comme l'hiver ou la grêle.

Il n'y a pas de place dans de pareilles têtes pour des conceptions abstraites, pour la notion de l'ordre social ; ils le subissent, rien de plus.

Ils le subissent, rien de plus ! Cela est très vrai, tant qu'ils n'espèrent rien d'autre, ne croient possible rien d'autre. Mais, comme Taine le dit ailleurs, tout est changé maintenant. Un horizon infini d'espérances s'est ouvert devant leurs yeux. Et voici que la volonté étouffée, réprimée jusqu'à être devenue inconsciente, remonte à la surface, dans la couche transparente des phénomènes cérébraux. Or, *la volonté du paysan est d'une autre nature que la nôtre ; bien plus fixe et bien plus tenace. Quand une pensée s'accroche en lui, elle y prend une croissance sur laquelle la parole et le raisonnement n'ont pas de prise. Une fois implantée, elle végète à sa guise, et nul texte législatif, nul arrêté judiciaire, nulle remontrance administrative ne peut changer l'espèce de fruit qu'elle produit. Ce fruit,* élaboré depuis des siècles, est le sentiment d'une spoliation excessive, et partant le besoin d'une décharge complète. Ayant trop payé à tout le monde, ils ne veulent plus rien payer à personne, et cette idée, vainement comprimée, se redresse toujours à la façon d'un instinct.*

Voilà enfin de la vérité, et historique, et psychologique tout ensemble. Et comme il n'y a plus là de force prête à le réprimer ou que du moins il le croit ainsi, le paysan assaille le château pour y brûler les titres qui le condamnent à payer ; et s'il maltraite en sus le seigneur,

c'est pour lui faire payer à son tour et à sa manière les
vols et les extorsions séculaires dont il croit avoir été
victime. Mais ne nous dites plus, s'il vous plaît, que ces
têtes *où il n'y a pas place pour le concept de l'ordre social* sont celles de lecteurs trop convaincus des principes
du Contrat Social.

De tout ceci un grand fait se dégage et apparaît, fait
d'une importance capitale pour la philosophie de l'histoire : c'est qu'avant que la Constituante n'eût proclamé
le principe de la souveraineté du peuple, — pour parler
comme Taine, — le peuple déjà se comportait, comme il le
fit après ; admettons qu'il se comportait avec un peu moins
de hardiesse, moins de confiance en l'impunité qu'il
n'en eut après ; mais c'est tout. Sa résolution à user de
violence pour se libérer du régime féodal, de l'exploitation seigneuriale, était déjà très ferme et irréfrénable.

Certes le Moyen Age avait vu des soulèvements populaires, plus même probablement que l'histoire n'en
relate ; et tout récemment dans l'année 1788 la France
avait été, en bien des lieux, profondément remuée, mais
rien dans le passé ancien ou récent n'était comparable à
ceci. La révolte est universelle ; et circonstance infiniment
redoutable, pour la première fois le peuple se connaît,
se voit unanime dans la révolte. — Autre circonstance
nouvelle non moins influente, la force de répression
manque, ou paraît manquer.

CHAPITRE V

L'ANARCHIE. — ORGANISATION ULTRA-DÉMOCRATIQUE DU POUVOIR EXÉCUTIF. — LE POUVOIR ULTIME DE RÉPRESSION REMIS AUX MAINS DU PEUPLE. — LE ROI ANNULÉ. — LA CONSTITUANTE REFUSE POUR ELLE-MÊME LE POUVOIR EXÉCUTIF EN DÉFENDANT A SES MEMBRES DE DEVENIR MINISTRES.

A présent, il faudrait pour les réduire, ces masses d'hommes, leur tirer tant de sang que les plus froids et insensibles esprits en frémissent et reculent. Et d'autre part comment verser ce sang? Les mains indispensables pour cela s'y refusent. Cette situation est sentie des députés — beaucoup mieux, naturellement, que nous ne pouvons la sentir aujourd'hui. — Un effroi très raisonnable les saisit quels qu'ils soient, bourgeois, clercs ou nobles, favorisés ou menacés dans leurs intérêts par la Révolution. « Sans l'ordre et la sécurité dans les rues, les champs, sans argent dans les coffres de l'État pour solder les services publics, le gouvernement n'est plus, le gouvernement sombre et avec lui l'état social; nous retombons en barbarie. Pour sauver l'impôt national, faisons la part du feu, jetons dans le brasier les multiples impôts, d'ailleurs injustifiables aujourd'hui, que ce peuple paye à la classe des privilégiés. Tout s'apaisera très probablement ; l'ordre renaîtra, ainsi que l'habitude salutaire de payer l'impôt national. » Telle est l'idée qui, si je puis ainsi parler, constitue le centre, le nœud, de cette mémorable séance du 4 août ; l'idée qui fut le point de départ de tous les autres changements, étonnamment accumulés dans cette séance. Entraînement, émulation, étourdissement contagieux, ostentation de désintéressement, intérêt caché, enthousiasme réel du bien, résolution de faire bonne mine à mauvais jeu, et d'accepter avec bravoure et entrain ce qui était sacrifice imposé, il y eut de tout cela dans ces hommes qui firent l'imprévu, l'étonnant, l'inouï bouleversement du 4 août.

Mais, dites-moi, en tout cela apercevez-vous le jeu de la cause alléguée par Taine ? A l'origine de tout cela apercevez-vous l'esprit français se formant une idée trop simple, un extrait de l'homme, et les événements que nous venons d'exposer, découlant, sortant de cet extrait ? J'y crois voir nettement, quant à moi, non des idées, mais des passions et non pas particulières aux seuls Français, mais communes à tous les hommes, des passions qui toujours existent assoupies, dormantes, inactives quand le milieu pèse sur elles et les contient, réveillées, actives, violemment élancées, dès qu'il y a dégagement et ouverture.

Après l'anarchie spontanée, nous allons voir ce que Taine appelle l'anarchie tout court : ce n'est rien moins que l'œuvre entière de la Constituante, ou au moins toutes ses grandes mesures, toutes les grandes parties de la Constitution de 1791. — Il ne s'agit pas pour nous de juger, à notre tour, en politique spéculatif, les organismes créés par la Constituante, mais de discuter avec Taine la psychologie des créateurs, c'est-à-dire quelles idées, quels sentiments, quels intérêts furent en eux, comme les racines, plus ou moins cachées, de leur ouvrage.

Taine expose fidèlement les décrets par lesquels la Constituante livra une grande, une excessive part du gouvernement, à la sagesse espérée du peuple.

En premier lieu, le droit de requérir la force publique, garde nationale, armée, de déployer le drapeau rouge, de sommer, de disperser les rassemblements populaires, est remis et *réservé* aux magistrats municipaux, c'est-à-dire aux magistrats de l'ordre le plus infime; à ceux qui sont le plus près du peuple et le plus semblables à lui, et élus par lui, bien entendu. Le roi, les ministres, la Constituante même, en cette affaire capitale, en cet exercice de la police des rues qui est la sanction de toutes les lois, de toutes les conventions sociales, ne sont munis que du droit assez dérisoire d'inviter le corps municipal à agir.

Ce qui est ainsi remis aux municipalités et à elles seules, ce n'est rien moins que ce qu'on a appelé l'*ultima ratio* des rois.

D'autre part, les municipalités ont le privilège d'accomplir toutes les opérations qui, prenant l'argent du contribuable et le livrant au gouvernement central, fournissent à celui-ci le nerf de la guerre et tout l'entretien de la paix... elles sont chargées de répartir l'impôt et de le lever. Par là encore le gouvernement central est à leur disposition.

On donne encore au peuple l'élection des administrateurs du district, du département, *celle des juges*, celle *même des prêtres*.

On lui accorde ou on lui laisse prendre la liberté plénière de se réunir partout, excepté dans la rue, la liberté de s'associer ; les clubs sont permis, et permises, sous prétexte de rédiger des pétitions, les assemblées des électeurs dans les intervalles même des élections.

A Paris, au centre, par une tolérance très grave et très dangereuse, la Constituante souffre que la foule vienne lui rendre visite, sous prétexte d'exercer un droit, estimé intangible, le droit de pétition. Bientôt, encouragés par la patience de l'assemblée, des individus ou des groupes quelconques mus par une idée bienveillante ou malveillante ou sans idée, des groupes d'hommes cultivés ou ignorants, polis ou grossiers, sortant de toutes les classes, arrivent de tous les points de la capitale. Ils interrompent les délibérations pour faire entendre des éloges, des admonestations, des conseils, des menaces, des ordres même. Les législateurs les écoutent, prennent la peine de leur répondre, les invitent à demeurer. Notez qu'il y a au-dessus du rez-de-chaussée où les députés siègent, des tribunes remplies d'une autre foule ; et qu'on tolère également de celle-ci l'expression franche et vive de ses sentiments, de ses émotions.

Nos législateurs se trouvent donc pris souvent entre deux masses populaires qui vibrent à l'unisson ou vibrent à rebours l'une de l'autre, s'animent, s'exaltent l'une par l'autre, et cela donne souvent aux séances une physionomie assez peu imposante, et conséquence bien autrement grave, cela est une tentation et une facilité offertes aux partis audacieux qui voudront un jour, dans un dessein prémédité, envahir l'assemblée, la maîtriser et la contraindre.

.·.

D'où vient que le législateur est mû par un tel esprit d'extrême condescendance pour les foules, pour le peuple ? Taine nous répond que cela vient chez lui d'une manière de raisonner, et même plus fondamentalement encore d'une manière de former ses perceptions, qu'il y a là une forme fixe, originale et persistante de l'esprit national.

A l'encontre de Taine, il me semble qu'il y a là une pression évidente des circonstances environnantes sur un ressort pas du tout particulier à l'esprit français, mais commun aux hommes de tous les pays et de tous les temps, commun aux collectivités comme aux individus, commun aux rois et aux assemblées aristocratiques ou républicaines ; c'est l'instinct de la conservation, l'instinct de la défense, quand l'existence vient à être menacée.

Lacombe.   7

L'Assemblée Constituante du 23 juin au 14 juillet, vécut dans les transes les mieux justifiées. Après le 13 juillet jusqu'au 8 octobre, il s'en fallut encore que sa sécurité fut entière. Elle sentait bien qu'entre elle et la royauté, il y avait des actes accomplis des deux parts, qui étaient inoubliables, et des desseins, des prétentions réciproques pour l'avenir, qui étaient difficilement conciliables.

Cependant quelle force avait l'assemblée contre ses adversaires? Aucune autre que l'assentiment passionné du grand nombre, l'amour des multitudes. Cette force-là, sous la forme irrégulière et violente des émeutes, l'avait sauvée. L'assemblée pensa tout naturellement à investir ses défenseurs de moyens réguliers, de pouvoirs légaux. Autant elle en donnait de ce côté, autant elle en retirait à ses adversaires. Elle arriva ainsi à établir un régime qui peut bien sembler ultra-démocratique, démagogique même. Et cependant l'assemblée n'était pas du tout démagogique. Si elle l'eût été, elle n'aurait pas imaginé la distinction des citoyens actifs et passifs ; elle n'aurait pas conservé le suffrage à deux degrés, sans parler d'autres mesures. Disons plus exactement qu'elle fut excessivement décentralisatrice.

Si le roi avait pu désarmer l'assemblée en lui ôtant sa popularité, nul doute qu'il n'aurait pas manqué de le faire. Il y a eu des rois qui ne se sont pas fait scrupule de lancer, contre les classes supérieures qui les menaçaient, leur lazzaroni ou leurs paysans. L'Assemblée Constituante se servit des classes populaires en direction inverse, mais ce fut, ici comme là, le même instinct.

Je dis que ce fut là le mobile principal, le mobile le plus ferme, le plus effectif; je ne dis pas que ce fut l'*unique*. Il y eut dans l'assemblée une majorité d'esprits, qui, en tout état de cause, auraient cherché à fonder un régime d'équité, de justice et de bon vouloir pour les masses populaires. Mais ils n'auraient pas été si loin dans la voie de la complaisance et de l'indulgence pour le peuple, n'eût été le besoin impérieux qu'ils avaient de son assistance.

Je conviens que l'autorité d'un grand nom vint ici après coup faire l'office le plus ordinaire des autorités intellectuelles, lequel est de justifier les gens, ou au moins de les rassurer sur leurs pratiques. Ce fut l'autorité de Montesquieu. Il avait lâché cet aphorisme : *Le peuple est admirable dans le choix de ses magistrats* (Rousseau n'avait rien dit de plus fort).

Nos constituants, après avoir tout abandonné au peuple, durent se dire souvent : *Après tout c'est l'avis de Montesquieu*. Taine ne s'est pas souvenu de cet aphorisme (notons que Montesquieu l'a tiré, non d'un raisonnement, mais de l'histoire de l'antiquité).

*
* *

Dans les années 90, 91, un mouvement de réaction se dessine; l'idée de Lafayette et de Mirabeau gagne et rallie peu à peu ses adversaires. Deux faits témoignent incontestablement de cette évolution :

1° Après la fugue du roi à Varennes il semblait absolument logique d'infliger au roi la déchéance, ou une captivité plus ou moins dissimulée dans les formes, mais effective au fond. Les Constituants, par un mensonge qui ne trompa personne, innocentèrent officiellement le roi.

2° On entreprit de reviser la Constitution — cette Constitution qu'on venait à peine d'achever, — et de la reviser de façon à fortifier, dans un certaine mesure, l'autorité royale. La tentative échoua, parce que les contre-révolutionnaires s'unirent, pour la repousser, au parti le plus avancé de l'Assemblée. Ce que j'en dis est pour arriver à cette observation : Taine glisse sur ces faits, sur ce coup de barre en arrière, et il lui a convenu de s'en taire, ou à peu près, par une raison visible ; ces faits prouvaient contre lui que les Constituants ne furent pas tellement dominés par leurs idées abstraites, puisque leur conduite finale dément, dans une assez large mesure, leurs premières démarches. Des gens conduits par une idée abstraite auraient été inflexibles ; les Constituants ne l'ont pas été ; ils ont changé au gré des circonstances, et agi selon que ces circonstances leur faisaient craindre le danger du côté gauche plus que le danger du côté droit, ou inversement.

*
* *

Cette décentralisation démagogique que Taine reproche si vivement aux Constituants et qu'eux-mêmes ont bien fini par se reprocher, quelle en fut la cause principale ? Le désir, le besoin de rendre inoffensif entre les mains du roi, le pouvoir central. Si l'on eût supprimé ou annulé de façon quelconque, dès la première heure, Louis XVI, roi d'ancien régime, et avec lui l'ancienne cour, la reine, les frères du roi, etc., on aurait pu ne pas se livrer si entièrement au peuple ; en tout cas on aurait pu se reprendre, s'affranchir peu à peu d'une condescendance dangereuse pour tout le monde, y compris le peuple même. Les appréhensions ayant cessé du côté du roi, on aurait pu se fortifier du côté du peuple par la restauration du pouvoir exécutif qu'on avait presque aboli par crainte du roi, et l'on n'aurait pas vraisemblablement manqué de le faire.

Etait-il possible aux Constituants d'annuler le roi après le 14 juillet, le 4 août ou le 8 octobre? Il le semble bien, puisqu'en somme et en réalité ils l'ont tenu à peu près captif dans Paris, après le 8 octobre ; puisqu'ils ont rendu dérisoire entre ses mains le veto qu'ils lui avaient remis ; puisqu'ils lui ont arraché contre les émigrés, contre les prêtres, contre les privilèges nobiliaires, les approbations les plus pénibles à ses affections, et puisqu'enfin les Assemblées postérieures lui ont fait bien pis.

Deux moyens, deux façons s'offraient, différemment radicaux.

1° Lui imposer des ministres et gouverner réellement, complètement, sous son nom par des ministres parlementaires. Il n'a pas tenu à grand'chose que ce dessein, qui fut en effet conçu, ne se soit réalisé (Voir plus loin).

2° Obtenir son abdication à force d'exigences et de menaces (notamment en lui faisant craindre extrêmement pour la reine, à quoi le roi était fort sensible); ou

par ces exigences, ces menaces, ces humiliations, le
pousser à quelque démarche du genre de Varennes, et
en prendre occasion pour lui imposer la déchéance ; et
dans les deux cas, aller chercher un nouveau roi le plus
près possible du trône ; c'est-à-dire le duc d'Orléans ou
son fils le duc de Chartres. Ce plan présentait plus de
difficultés, plus de dangers, plus de hasards à courir,
mais en revanche, une fois exécuté, le présent devenait
plus facile et l'avenir plus assuré.

*
* *

Un psychologue clairvoyant, sans illusions, sans aversion ni affection, qu'aurait-il dit aux membres du Tiers,
après la visite humiliée du roi à Paris (juillet 1789) : *Ce
roi là et vous, messieurs, vous êtes maintenant irrécon-
ciliables, car c'est un roi vaincu qui ne pardonnera pas
à des sujets vainqueurs. Ce roi, il est vrai, est un homme
sans énergie, mais par cela même il est le plus propre
du monde à obéir toujours à sa femme, ses frères, ses
amis, ses nobles et ses évêques, qui, plus blessés que lui
dans leurs intérêts et leur orgueil, le feraient irréconci-
liable si, par impossible, il cessait de l'être spontanément. — Croyez-moi, tant que vous êtes forts, vous ferez
prudemment de lui imposer l'abdication, ou tout autre
disposition qui l'annule... Sans quoi plus tard, vous
pourrez être amenés à lui faire pis. — Vous objectez le
sentiment public ? — Il est vrai, non seulement la France
est royaliste, mais elle a de l'affection et de la gratitude
pour la personne de Louis XVI. Pourtant, ne craignez*

pas trop. Ce roi, objet d'affection, est déjà un objet d'inquiétude, de suspicion, et pour ceux-là mêmes qui l'aiment, mais qui, soyez-en sûrs, aiment bien plus la Révolution. Au reste, différez un peu, je le veux bien. L'occasion (qu'au besoin vous pourrez faire naître) l'occasion viendra qui montrera aux gens de quoi les désaffectionner... Et alors, si vous osez agir, vous verrez la France surprise et à la fois contente d'un évènement qui éclaircira devant elle un horizon trop orageux.

Si l'on eut suivi le conseil de ce psychologue, le cours de la Révolution changeait singulièrement. On épargnait à la France les journées du 8 octobre, ou en tout cas, du 20 juin, du 10 août, du 21 janvier. On prévenait l'ingérence des foules, *on accomplissait par la légalité ce qui fut fait par la violence.*

Au lieu de taxer les Constituants de témérité, il faudrait plutôt, je pense, leur reprocher d'avoir été trop timides, d'avoir méconnu la situation, et les démarches, hardies en apparence, sages en réalité, que cette situation exigeait d'eux. Mais ils étaient traditionnalistes n'en déplaise à Taine ; monarchistes, ils avaient de l'affection, de la gratitude même pour la personne du roi. En venant, ils avaient apporté cette pensée, ce rêve, d'accomplir la Révolution de compte à demi avec le roi. Renoncer à cet espoir effrayait leur esprit et contristait leur cœur... A ce point que, même après Varennes, quand l'occasion s'offrait si belle d'en finir avec une situation intenable par les deux partis, ils se refusèrent à saisir cette occasion. Taine accuse sans cesse leur raison raisonnante. La raison raisonnante, celle qui table sur les sentiments et les passions ordinaires, générales, des hommes, leur eût dicté précisément une conduite qui eut été plus prudente, plus pratique, parce que elle eût été résolue.

Les Constituants ont à peu près arraché le pouvoir exécutif des mains du roi. Il s'agit de savoir, s'ils prendront ce pouvoir pour eux : c'est la question du ministère.

Il y a eu ici l'influence d'une idée, je le reconnais ; mais cette idée n'est pas empruntée à Rousseau, comme le pense Taine.

Montesquieu avait professé que le moyen le plus sûr, sinon le seul, d'obtenir un gouvernement à la fois stable et libéral, le moyen le plus sûr de se prémunir contre l'absolutisme monarchique ou démocratique, c'était de séparer et d'établir en pleine indépendance l'un de l'autre les trois pouvoirs qui composent tout gouvernement. — Et comme preuve à l'appui, il avait montré l'Angleterre.

Cette théorie avait fortement impressionné tous les esprits quelque peu spéculatifs.

Il semble que lorsqu'ils refusèrent la réalité du pouvoir exécutif au roi, par peur, par instinct de défense, les Constituants auraient pu, du moins, prendre ce pouvoir pour eux, au lieu de le livrer aux corps municipaux, au peuple des électeurs ; et on peut supposer que, s'ils ne le prirent pas pour eux, ils obéirent en cela à la leçon de Montesquieu : la supposition n'est pas absolument vraie. D'abord, l'idée de Montesquieu rencontra en eux un auxiliaire ou même deux auxiliaires : 1° Un sentiment, le sentiment monarchique, encore bien vivace chez tous, presque involontaire (résultant de leur éducation) fit qu'il leur répugna absolument de s'appliquer à eux-mêmes le pouvoir dont ils dépouillaient le roi. 2° Ils craignirent, s'ils prenaient ce pouvoir pour eux, de blesser le sentiment monarchique dans le peuple même, de paraître des ambitieux, des usurpateurs, et d'amoindrir ainsi leur popularité dont ils avaient tant besoin.

Voici qui prouve que, si l'intérêt leur eût commandé avec évidence de transgresser la règle de Montesquieu, ils n'eussent pas manqué de la transgresser, ils eussent obéi à leur intérêt, désobéi à l'idée : c'est qu'ils ont été très près de le faire. Quand il fut question de décider si on permettrait ou si on défendrait aux députés de devenir ministres, en réalité la question débattue fut celle-ci : « Pouvons nous remettre en somme le pouvoir exécutif dans les mêmes mains que le législatif? »

L'Assemblée, après une assez vive discussion, se prononça pour la négative. Lanjuinais semble avoir fourni à ses collègues l'argument qui trancha leurs irrésolutions. « Nous avons, dit-il, voulu la séparation des pouvoirs. Comment donc nous vient-on proposer de réunir entre les mains des ministres le pouvoir exécutif et le pouvoir législatif? » Je dis, il semble, parce que l'argument de Lanjuinais, d'une logique irréfutable, pour les esprits imbus de Montesquieu (et ceux-ci étaient fort nombreux) fut la plus faible des causes qui emportèrent réellement la décision de l'Assemblée.

Sur cette question du ministère, Taine a quelques belles et justes pages. Tout en est bon, le fond, la forme. Pourquoi faut-il rencontrer à la fin une explication vrai-

ment simpliste ? Comment n'a-t-il pas su, ou comment
a-t-il oublié que la résolution affirmative fut sur le point
de prévaloir et que la résolution négative fut amenée
par un chaos de petites causes très disparates : des com-
pétitions qui s'annulèrent mutuellement, l'indécision de
Lafayette, la crainte, la mésestime, la défiance qui s'atta-
chaient à Mirabeau, lequel semblait désigné pour le ministère avant tout autre, le mauvais vouloir de la Cour,
du roi et des contre-révolutionnaires de l'Assemblée.
L'influence de la théorie ne vint qu'après tout cela.

Taine n'avait, pour ne pas se tromper ici, qu'à se rappeler ce qui se lit dans Governor Morris, l'un de ses
oracles. Et, à parler en général, comment Taine, qui a
su certainement quelque chose du régime parlementaire
tant en Angleterre qu'en France, n'a-t-il pas remarqué
que le vote d'un parlement n'est presque jamais le résultat d'un sentiment, d'une idée, ni même d'un intérêt
unique, que ce résultat est un composé souvent fort hété-
rogène, une transaction plus ou moins logique, souvent
une combinaison surprenante, à la regarder au fond —
et qu'il faut, en somme, s'attendre toujours à ce qu'il en
soit ainsi là où il y a élaboration collective de quelques
centaines d'hommes.

Je le répète, Taine a raison sur ce point important : la
constitution d'un vrai ministère parlementaire eût peut-
être sauvé le roi et préservé la Révolution de ses excès.
Je dis peut-être, parce qu'il faut, ce que Taine n'a pas
fait, compter cependant avec une chance ; il pouvait
arriver que le ministre principal, le gouvernant effectif,
se laissât séduire ou corrompre par le roi, ou la reine, ou

la cour, qu'il écoutât sa vanité ou sa cupidité et qu'alors
sourdement il travaillât contre l'Assemblée dont il était
le délégué auprès du roi. Qui peut assurer, par exemple,
que cela ne serait pas arrivé avec Mirabeau — ou avec
Barnave ? Il n'est pas douteux que cette crainte, juste ou
non, ait fait voter nombre de députés. Pas un mot là-
dessus dans Taine.

CHAPITRE VI

L'ORGANISATION DU POUVOIR LÉGISLATIF. — LA QUESTION
DE LA SECONDE CHAMBRE OU CHAMBRE HAUTE

Depuis longtemps, chez nous, on n'avait point vu, —
si ce n'est dans cinq ou six pays d'états, — les nobles
mettre la main à une besogne d'intérêt public. Ecartés
de la haute administration par l'esprit ombrageux de nos
rois, sollicités par suite à mener une vie purement mon-
daine, ils ne savaient même pas administrer leur fortune,
ils laissaient la friche envahir leurs terres et les intérêts
des dettes dévorer leurs maisons. Eux-mêmes s'avouaient
moins aptes aux affaires que les bonnes têtes de la bour-
goisie. Pourquoi ces bonnes têtes auraient-elles investi
ces incapacités d'une fonction politique de premier
ordre ?

Supposons qu'au début de la Révolution, les esprits les
mieux avisés, les plus larges du tiers-état, eussent conçu
l'espoir de tirer parti de la noblesse dans le nouveau régime, cet espoir devait s'évanouir tout de suite devant
l'attitude de cette noblesse. — Ils n'étaient pas précisément engageants ces nobles, si j'en crois une page de
Taine, qui n'a certes pas voulu les peindre en noir. Pas-

sant en revue les partis qui divisaient la Constituante, il dit : « Le premier, celui des aristocrates, comprend le haut clergé, les parlementaires et cette portion des nobles qui voudraient former un ordre à part. C'est lui qui résiste aux fautes et aux folies, mais par des fautes et des folies presque égales. A l'origine les prélats, au lieu de se concilier les curés, les ont tenus à une distance humiliante, affectant des distinctions, exigeant des respects, et dans leur propre chambre se cantonnant sur des bancs séparés. » D'autre part, les nobles, afin de se mieux aliéner les communes, ont débuté par les accuser de révolte, de trahison, de lèse-majesté, et par réclamer contre elles l'emploi de la force militaire (ce sont, disent-ils, gens bons à pendre ou à embastiller tout au moins.) « A présent que le tiers est victorieux, ils redoublent de maladresse : dans l'assemblée, ils n'écoutent pas ; ils rient ; ils parlent haut, ils prennent à tâche d'aigrir par leurs impertinences leurs adversaires et les galeries. Ils sortent de la salle, lorsque le président pose la question. Ils crient à ceux de leur parti de ne pas prendre part aux délibérations ».

Taine en disant qu'ils résistaient « aux fautes et aux folies » n'a pas le mot exact, ce me semble ; ils traitaient ces folies par le dédain ; ce n'est pas là résister, c'est renoncer à la résistance et la remplacer par la provocation, ce qui est bien la conduite la plus impolitique qui soit.

« Par cet abandon (à la bonne heure) les clubistes devenus la majorité, font ce qu'ils veulent ; c'est ainsi que la nomination des juges et des évêques est retirée au roi et attribuée au peuple. Bien mieux (ou bien pis) après le

retour de Varennes, lorsque l'Assemblée, comprenant
que son œuvre n'est pas viable, voudra la rendre moins
démocratique, tout le côté droit refusera de prendre part
aux délibérations ; et ce qui est pis, il votera avec les révolutionnaires pour exclure les Constituants de la législa-
lature... sa désertion finit par un suicide. »

Voilà les esprits butés, intransigeants, arrogants, à
qui Taine aurait voulu qu'on réservât un rôle des plus
difficiles, un rôle pour lequel l'esprit de concession, de
compromis est absolument nécessaire, ainsi que Taine a
pu le remarquer dans l'histoire de la Chambre des Lords
anglais.

La noblesse elle-même demandait-elle l'établissement
d'une chambre haute ? elle n'en voulait pas plus que la
classe bourgeoise ; Taine le sait fort bien et il l'a dit. Les
nobles de province détestaient la haute noblesse, la noblesse de cour, qui leur avait fait sentir trop souvent son
dédain, qui accaparait les grâces royales, les pensions,
les hauts grades dans l'armée.

C'est pourquoi le gros de la noblesse s'était d'avance
prononcé contre l'érection d'une chambre haute, prévoyant avec justesse que la noblesse de cour entrerait
seule ou à peu près dans cette chambre, et qu'elle y por-
terait ses habitudes d'égoïsme et d'ambition exclusive.

Il fallait donc se réduire à composer une chambre
haute, rien qu'avec des membres du haut clergé, des
parlementaires, des fonctionnaires... Mais l'institution
ainsi réduite serait-elle efficace ? question inutile à débattre, car la majorité des ecclésiastiques ne voulaient
pas non plus d'un privilège politique pour ses chefs,

parce qu'elle ne les aimait guère. En vérité, ces chefs n'avaient pas mérité qu'on les aimât. J'ai tout à l'heure cité Taine sur leur attitude à la Constituante. On ne peut pas dire que leur profession les obligeait à être politiques, mais à quoi elle les obligeait véritablement, c'était à être chrétiens. Ils ne purent pas prendre sur eux d'en faire même le signe.

Taine reproche aux Constituants d'avoir repoussé les conseils qui leur furent donnés par quelques étrangers, anglais, américains, tels que Governor Morris, par exemple. Ces étrangers vantaient les institutions de leur pays et ils les proposaient à notre imitation.

En préconisant pour la France des institutions bonnes pour leur pays, ces étrangers manquaient à la vraie méthode pratique telle qu'elle a été exposée par un philosophe historien qui s'appelle M. Taine. Cet illustre philosophe a fort bien expliqué que les institutions ne s'exportent pas, qu'elles doivent naître en chaque pays, comme d'elles-mêmes, en conformité avec la nature du sol, des habitants, etc.

Quelques Constituants ont par avance répondu à Taine : « Oui, sans doute, une haute chambre eut été bonne à constituer plus tard, une fois opérées les réformes nécessaires, les amputations indispensables, et la période de l'apaisement, de la résignation, une fois arrivée ; mais au cours même de la révolution, quand tout était à faire, se créer à soi-même cet obstacle, c'était se donner une peine bien inutile ; car dès que l'obstacle aurait paru insurmontable, on l'aurait tout simplement brisé ; nous aurions créé une Chambre haute, pour la

détruire presque aussitôt : institution bonne en soi,
qu'une telle Chambre, mais étant données les circonstances où nous vivions, bonne aussi à ajourner, à réserver pour des temps plus calmes ». Ces Constituants
pouvaient se défendre par l'exemple de la révolution anglaise. On sait que la Chambre des Lords, qui d'elle-
même s'était d'abord coupée en deux, fut abolie finalement. Et cependant ces lords anglais, en vertu du passé
parlementaire de l'Angleterre, était probablement des
hommes autrement experts en politique que nos seigneurs français.

*
* *

A y bien regarder, ces Constituants réfractaires *provisoirement* à l'idée des deux Chambres étaient les vrais
disciples anticipés de Taine, par exemple Barnave,
quand il objectait les circonstances locales et *momenta-
nées* et qu'il disait : « Le courant était trop fort. Il fallait
passer par une Chambre. » Que le courant égalitaire fut
fort, cela est, je crois, démontré par les faits, mais le curieux c'est que Taine a pris soin de renforcer, sans le
vouloir, l'argument de Barnave. Pour lui, en effet, le
courant égalitaire de 1789 ne procède pas du moment,
mais de la nature du Français, lequel est irrémédiablement égalitaire de par la constitution de son esprit —
lequel voit tous les hommes pareils, par un excès d'abstraction.

Les politiques de la Révolution y sont arrivés, à cette
constitution recommandée des deux Chambres, dès que

les circonstances ont été moins tempétueuses. Mais remarquez que l'esprit égalitaire des Français y fut encore suffisamment observé, respecté. Les deux Chambres ne furent pas puisées à deux sources totalement différentes et ne furent pas trop sensiblement étagées l'une sur l'autre. Ainsi, dès que les circonstances parurent s'y prêter, nos politiques essayèrent d'un compromis entre les conseils de l'expérience anglaise et les exigences convenues de notre caractère national.

Que devient en tout cela l'empire spirituel de Rousseau et du contrat social?

Cette thèse de Taine sur l'emploi, qui était à faire, en 1789, de la noblesse, du haut clergé et des hauts fonctionnaires, se rattache chez lui à une thèse plus large : Il faut que les hommes compétents gouvernent, ou tout au moins qu'ils aient une part très effective au gouvernement. C'est le vice capital et le danger capital des démocraties que de faire compte uniquement du nombre.

En principe, Taine a raison ; il n'a même que trop raison. Les démocraties ont, je crois, à accomplir une évolution bien difficile, presque impossible en apparence, tant elle répugne à leur caractère actuel, mais qui, je l'espère, s'accomplira tout de même par lassitude, indifférence, lorsqu'on aura assez longuement souffert du régime parlementaire fondé sur la prévalence absolue des majorités. Un temps viendra où le gouvernement, qui aura été d'ailleurs fort réduit quant au cercle de son action et de son pouvoir, intéressera moins les masses ; les épreuves qu'elles auront traversées les inclineront, non pas à se démettre absolument, ce qui n'est pas du tout souhaitable, mais à se soumettre aux capacités, dans des conditions définies, à confier l'accomplissement de leurs vœux, de leurs désirs à des hommes jugés habiles, par d'autres hommes déjà compétents eux-mêmes, comme on confie aujourd'hui le soin de sa santé ébranlée au médecin et par la même raison.

Donc Taine n'a pas tort de réclamer le gouvernement pour les compétents, mais il va les chercher là où ils ne sont pas. C'est du moins mon avis : « une aristocratie est, dit-il, le jardin où croissent les hommes d'État, le seul terroir où ils viennent à bien » ; ou encore « l'aristocratie est le haras spécial pour coureurs politiques » et encore (car Taine use de ces diverses figures) « l'école où se forme le pilote unique, seul capable de trouver la passe entre les récifs et de donner juste à temps le coup de barre qui sauvera le navire. » A preuve Robert Peel, Canning, Pitt. Et, ajoute-t-il, « on s'explique très bien que ces capacités politiques se forment parmi les membres de la classes aristocratique, quand on considère les conditions où leur intelligence s'élève et se développe. Ils sont riches, n'ont pas besoin d'exercer un métier, une profession ; par là ils sont en quelque sorte désintéressés, sans visée personnelle ; ils ont naturellement celle du bien général ; ils ont du loisir pour étudier, apprendre les langues, voyager. Leur rang les introduit de plain pied auprès des personnes distinguées, des chefs de parti, des gouvernants dans tous les pays. Leur esprit est large, compréhensif, n'ayant aucun pli, aucun tic professionnel. » — Très bien, mais ces conditions, toutes favorables, en apparence, peuvent agir en sens contraire.

Désintéressés peut-être pour eux-mêmes — et encore ! l'est-on jamais de gloire ou de popularité? — ces hommes sont mus par l'intérêt de leur classe, et ils ont les préjugés de leur classe, lesquels, je crois, sont plus tenaces, plus oppressifs pour l'esprit que les plis professionnels. La richesse procure les moyens de faire des études désintéressées, prolongées et étendues, mais elle procure aussi les moyens de ne pas travailler et de jouir beaucoup ; par suite, la paresse d'esprit peut l'emporter ou la perpétuelle agitation dans les plaisirs. Les membres d'une aristocratie sont admis aisément et par préférence, par privilège, aux places d'où l'on gouverne, ils n'ont donc pas à se donner de mal pour y arriver. Ils sont les élus d'un concours où la préparation n'est pas de rigueur : un pair d'Angleterre est le produit de l'hérédité (1), force aveugle, et du droit d'ainesse, dont les Anglais eux-mêmes disent une bien jolie chose : « elle a ce résultat de ne faire qu'un sot par famille ». Au reste, les faits, les hommes, que Taine nous donne comme preuves expérimentales, sont discutables à ce point de vue.

*
* *

Les grands politiques qu'il cite n'appartiennent pas tous, il s'en faut, à l'aristocratie héréditaire, première désillusion. William Pitt (Lord Chatam) ne sortait pas

____

(1) Le roi fait des pairs ; ceux-ci constituent une aristocratie qu'il faut distinguer de l'autre et dont l'origine appelle des réflexions différentes.

d'une ancienne famille titrée. Canning était fils d'une mère qui vivait dans le monde du théâtre. Robert Peel était le fils d'une famille de manufacturiers. La famille de Gladstone était roturière, celle de Disraeli était juive.

Si nous regardons à leur éducation, à leur préparation, elle nous paraît plutôt fort écourtée. Le second Pitt devient ministre à 24 ans. Canning entre dans la politique à 23 ans. Robert Peel débute à 21 ans. Gladstone obtient son premier ministère à 23 ans. Il est difficile de supposer qu'ils aient apporté aux affaires une grande somme d'expérience.

Avaient-ils au moins reçu une instruction spéciale, appropriée? Macaulay, qui sait les choses mieux que Taine, nous désabuse complètement sur ce point. Leur instruction fut tout autre, que Taine n'a l'air de le dire, et tout autre aussi le mérite qui mit en selle, si jeunes, ces illustres coureurs. Selon Macaulay, s'ils ont appris quelque chose dans leur jeunesse c'est à bien parler, à improviser aisément, à inventer des arguments et à en retorquer, bref à gouverner par la parole la majorité plus ou moins éclairée d'un parlement. Le second Pitt a eu dans son père un vrai professeur de rhétorique qui lui faisait faire des devoirs et les corrigeait. Gladstone avait acquis le savoir d'un fort *humaniste*. Disraeli avait écrit des romans.

Au reste, Macaulay parlant de ce gouvernement anglais, qui est le sien, qui lui est bien plus familier qu'il ne l'est à Taine, nous avertit du caractère principal de ce gouvernement : Avant tout parlementaire et oratoire (Oratoire! une qualité que Taine déteste).

« Dans ce gouvernement, dit Macaulay, le don de la parole est la qualité la plus hautement prisée que puisse posséder un homme politique. Et ce don peut se rencontrer au plus haut degré, sans être accompagné de jugement... de la faculté de pénétrer le caractère des hommes et les signes du temps... On pourrait tirer de l'Almanach royal une liste curieuse de chanceliers qui ignoraient les principes de l'équité, de premiers lords de l'amirauté qui ignoraient les principes de la navigation, de premiers lords de la trésorerie qui ne savaient pas la différence de la dette consolidée et de la dette flottante, etc. »

Sorel, bien renseigné, quoique Français, sur les véritables mœurs de l'Angleterre, et, en tout cas, observateur plus froid et par suite plus sûr que Taine, nous apprend à son tour ce que voici : Fox d'une instruction bornée à l'histoire politique (et encore quelle histoire !) ne savait rien des finances et du commerce ; c'était un humaniste.

Burke « avec une rare puissance de dialectique et d'invectives, faisait des dissertations... plutôt que des discours. Il combattit les *abstractions révolutionnaires* par des *abstractions monarchiques*. Les débats du parlement anglais sont demeurés célèbres et méritaient de l'être ; mais ils étaient oratoires à la manière classique ». Même fonds chez les plus fameux politiques « Lord Chatam ne savait rien complètement, il ne s'était adonné avec suite à aucune étude, le droit lui demeurait aussi étranger que les finances. Il ignorait jusqu'au règlement de la Chambre des communes. Mais c'était un merveilleux orateur ».

L'éducation de William Pitt fut exclusivement classique : les auteurs anciens, avec quelques éléments de
mathématiques. Son père recueillait pour lui des morceaux choisis d'éloquence ; il lui faisait lire des sermons ;
il l'exerçait au lieu commun et à l'abondance... Arrivé à
Cambridge, Pitt ne s'occupe que de l'art oratoire. Il tient
registre de phrases brillantes. A 24 ans, il devient ministre. (Sorel. — *L'Europe et la Révolution française*,
t. I, livre I. ch. III.) Sorel finit en disant : « L'Angleterre est soumise au gouvernement par le discours. C'est
le milieu le plus propre au règne de l'esprit classique. »

Il n'est pas inutile de remarquer que Robert Peel et
Canning entrent dans la politique par la Chambre des
Communes, et que membres de la Chambre basse, ils
agissent avec autant d'efficacité que s'ils eussent été de
la Chambre haute. Cela permet de croire qu'un aristocrate, bien doué, n'a pas absolument besoin, pour utili-
ser sa capacité exceptionnelle, d'être placé dans une
même salle avec d'autres aristocrates d'esprit commun.
La question, qui paraît une à Taine, est double en réalité. En admettant que ce qu'il dit de l'aptitude des aristocrates soit vrai, il ne s'ensuit pas encore qu'il faille en
bourrer une Chambre particulière. Et quelle singulière
logique ! Taine reproche amèrement aux Constituants
d'avoir constitué en vue de l'homme général, alors qu'il
l'aurait fallu faire en vue de l'homme français ; et voici,
qu'à leur place, il aurait constitué une haute Chambre
à l'anglaise, comme s'il s'agissait de l'homme anglais.
Il ne s'est pas souvenu qu'en 1857 (article sur Troplong
et Montalembert) il avait écrit ce qui suit : « Chaque peu-

ple a son génie distinct. C'est pourquoi chaque peuple a une histoire distincte (et réciproquement, dirai-je). Les gouvernements, comme les plantes, sont indigènes. Transplantés, ils périssent ou languissent. » Remarquez en passant cette comparaison : comme les plantes. Taine n'ignorait pourtant pas que nombre de plantes se sont laissé transplanter, et que, par exemple, la plupart de nos arbres fruitiers sont exotiques. La comparaison est donc fausse et l'argument maladroit. Il n'y avait là rien qui l'obligeât à nous lâcher ce « comme les plantes » et c'est pourquoi j'ai relevé ce petit mot. Il n'a l'air de rien et il est très significatif ; justement par son inutilité, il trahit cette manie, et comme cet automatisme de la comparaison qui sévit trop souvent sur le style de Taine.

Il est possible qu'en un temps, en un pays donné, un corps composé d'hommes de haute naissance ou de grande fortune ait eu réellement le pouvoir de soutenir et de contenir à la fois le gouvernement ; c'est qu'alors, sans doute, la naissance et la fortune possédant du prestige sur les esprits, chacun des membres du corps avait une clientèle autour de lui, était le chef de soldats certains quoique invisibles ; mais chez nous, la naissance, la fortune sont environnées de toute autre chose que de prestige. Une Chambre haute eût été loin de posséder de l'autorité morale. En appuyant le gouvernement, elle l'aurait plutôt compromis ; en le combattant, elle eût risqué de le rendre populaire. En 1789 déjà, comme de nos jours, l'homme noble ou riche n'a plus personne derrière lui, c'est un isolé, pis encore, c'est un but visé par la haine, demain ce sera une cible.

Impopulaire, cette Chambre l'eût été indiscutablement, pour qui lit avec attention Taine (sans parler des autres historiens). Il n'y a qu'à voir chez lui comme on traite partout, et tout de suite, les seigneurs, les intendants, les parlementaires. A quoi cette Chambre eût-elle servi, si on ne lui eût pas donné un véto quelconque? Et si de ce véto elle eût voulu user, que serait-il advenu? On l'eût balayée, comme on balaya le roi, lui si populaire pourtant tout d'abord. Seulement on l'aurait balayée plus tôt et avec plus d'entrain.

S'il y a ici un théoricien, un politique spéculatif, qui méconnaisse les hommes vivants et les circonstances actuelles, c'est Taine, ce me semble, plutôt que la Constituante; c'est Taine qui fabrique une constitution pour la France, d'après une formule, — et une formule anglaise. Je ne veux pas dire pour cela que la Constituante se soit montrée impeccable; il s'en manque; mais ses fautes, qui ont été graves, furent (les plus graves particulièrement) les effets de sentiments très ordinaires, très humains, exaspérés par des circonstances extraordinaires: l'instinct de la conservation, la peur, l'ambition du pouvoir ou de la popularité, etc. Les Constituants firent de la politique de guerre — d'une guerre à la fois défensive et agressive — ce qui explique bien mieux leurs fausses démarches, leurs mesures mal calculées, que la cause alléguée par Taine. Cette passion, purement cérébrale, pour des idées théoriques préconçues, que Taine suppose avoir

tout fait ou à peu près, est un mobile faible de sa nature.
Dans la bataille politique, comme dans la bataille, un tel
mobile s'efface irrésistiblement chez tous les hommes
(sauf exception bien rare) et cède la place à des mobiles
plus impérieux.

CHAPITRE VII

J'ai déjà dit plus haut que la Constituante avait livré
au peuple la nomination des magistrats de l'ordre judiciaire ; je n'en dirai pas plus, mon sujet n'étant pas du
tout l'histoire administrative de la révolution.

Observons seulement ceci : en donnant au peuple
l'élection des juges, les Constituants semblent avoir
voulu établir un régime tout à fait conforme à la théorie
des trois pouvoirs de Montesquieu ; mais voici qui doit
inspirer quelque doute sur la réalité de cette intention :
en même temps qu'ils livraient au peuple la nomination
des juges, les Constituants lui livraient la nomination des
curés et des évêques ; ce qui n'est pas du tout du Montesquieu. Cette simultanéité me paraît bien indiquer un
motif commun aux deux mesures. Et ce motif commun
pourrait bien être le désir, le besoin de désemparer
toutes les forteresses des classes privilégiées.

Après cela, il n'est pas du tout impossible que parmi
les Constituants quelques-uns aient voulu avant tout se

conformer aux conseils de Montesquieu. L'historien qui s'attaque à l'histoire la plus profonde, qui est la recherche des motifs intimes, s'attaque aussi à la plus difficile des histoires. Lorsqu'il a affaire aux résolutions d'une collectivité (fût-elle seulement de quelques centaines d'hommes), il doit savoir que le problème des motifs intimes n'est résoluble qu'en gros, et très approximativement, parce qu'autant d'hommes, autant il y a, en réalité, de résolutions, plus ou moins différentes dans leur source psychique, c'est-à-dire dans leurs motifs, malgré l'unité apparente du résultat.

*
* *

Si, au lieu de se déclarer pour les classes privilégiées, Louis XVI eût consenti à opérer avec le Tiers les réformes nécessaires, quelques-unes des destructions que Taine regrette n'auraient point été faites, aucune n'aurait été faite d'une manière aussi radicale ou aussi violente ; mais une fois mis en alarme du côté du roi, une fois excités par les résistances, les menaces du clergé, de la noblesse, des fonctionnaires royaux, les Constituants furent naturellement conduits à attaquer, à raser toutes les forteresses, d'où leurs adversaires pouvaient faire des retours offensifs.

Et d'abord, pouvaient-ils ne pas détruire les Parlements, provoqués qu'ils étaient par les arrêts imprudents, par les insolences des parlementaires ? Même sans ces provocations, ils devaient les détruire, car c'étaient là des corps qui se fussent posés certainement en rivaux. Ils eussent engagé avec l'Assemblée une lutte dans laquelle, vaincus d'avance, ils pouvaient cependant susciter des troubles désormais inféconds.

La destruction des tribunaux de bailliage devait suivre logiquement celle des Parlements et celle des justices seigneuriales, dont ces tribunaux formaient la juridiction intermédiaire. Le principe des magistratures achetées à prix d'argent était d'ailleurs condamné par l'esprit du temps. En tout cas, les Constituants avaient pour eux la raison pratique : Quelle besogne effective pouvait produire un Corps législatif, et comment ce corps aurait-il pu accomplir son office propre, avec des tribunaux animés d'un esprit violemment hostile, disposés par suite à rendre ses lois vaines, à les éluder où les atténuer dans l'application ?

Les anciens Etats provinciaux nécessairement devaient disparaître avec leurs provinces. « Mais, dira-t-on, fallait-il détruire ces provinces ? — On peut répondre d'abord : ces provinces existaient-elles encore ? — Taine lui-même a laissé échapper ce mot : « La province n'était plus qu'un nom. »

Il faut ici comprendre Taine : La province ne l'intéresse que parce qu'elle aurait pu être un obstacle à l'absolutisme du pouvoir central ; à ce point de vue, il a raison de déclarer que la province n'existait plus en 89, même lorsqu'elle avait conservé ses Etats provinciaux (1). L'expérience historique est là en effet qui prononce son arrêt ; la Monarchie française, sous Louis XIV,

____

(1) C'était le cas de 6 à 7 provinces.

n'était-elle pas devenue absolue sur toute la surface du territoire? Voyez la province la plus grande, la plus étendue de toutes, la Bretagne; elle est pourvue d'Etats provinciaux; quelle résistance efficace a-t-elle opposée à l'arbitraire de Louis XIV?

Cependant la Province n'était pas tout à fait morte et c'était plutôt tant pis, car elle vivait juste assez pour se remuer encore en des agitations stériles, et donner ainsi occasion à des répressions plus ou moins sanglantes. Son existence se manifestait encore d'une autre manière: Chacune avait ses privilèges, ses coutumes, ses poids, ses mesures, pis encore, ses jalousies, ses préjugés, ses aversions à l'égard de telle ou telle voisine. On peut dire que chacune de nos provinces ne vivait que trop par rapport aux autres. Il n'y avait là rien pour la liberté, beaucoup trop pour l'égoïsme local, pour la division, pour la guerre intestine, sourde ou déclarée. Cela se vit bien dans les années qui précédèrent 89. Avec un égoïsme âpre et violent, les provinces, les localités se disputèrent les blés, les subsistances, et firent tout ce qu'il fallait pour s'affamer mutuellement.

Les meilleurs esprits du xviiⁱᵉ siècle s'étaient élevés contre cet amas incohérent et anarchique de provinces qu'était la France. Voltaire ne fut pas un chimérique, un abstracteur de quintessence; les réformes, qu'il préconisa et qui furent réalisées, le prouvent incontestablement. Or, il écrivait en 1769 (Lettre à Servan): « Nos petits-enfants s'étonneront peut-être un jour que la France ait été composée de provinces devenues, par la législation même, ennemies les unes des autres. « Ennemies », le mot n'est pas trop fort pour caractériser certains évènements de l'an 1788. Il semble que ces évènements, ces excès du provincialisme aient précisément dessillé les yeux ; qu'ils aient révélé aux hommes de toutes les provinces une idée plus haute, celle de l'unité nationale, le concept de la patrie. Les fédérations de 1790 apparaissent comme une réaction contre 1788, je dirais volontiers comme un repentir. En ces fédérations, tous font un double serment : 1° Ils jurent fidélité à la Constitution. 2° Ils protestent vouloir être Français avant tout, ils abjurent la province. Et ce dernier sentiment paraît bien plus sincère, plus spontané, plus universel chez eux que la fidélité à la Constitution, laquelle certainement ne réunissait pas la même unanimité. Taine, dans son tableau des Fédérations, traite avec une singulière légèreté cet immense et pacifique soulèvement, vraie marée populaire, l'une des curiosités de l'histoire. En cette occasion, Taine ne fait aucun cas du sentiment des foules ; ailleurs, il n'a fait aucun cas des idées de l'élite ; alors, de qui fait-il cas? On peut répondre : en vérité, il ne fait cas que des morts, de ceux qui sont trépassés depuis des siècles. Je n'exagère pas. Lisez (dans l'édition in-octavo, les pages 186 et 187 du tome I) : « Les Français en 90 n'ont pas à créer leur association, elle existe ; depuis huit siècles il y a, chez eux, une chose publique... Le salut et la prospérité de cette chose, tel est l'intérêt des Français... leur devoir. La nation même unanime n'a pas le droit de compromettre la chose commune, *la fondation à perpétuité* où tous les Français depuis le premier jour ont apporté leur offrande... Chaque génération n'est que la gérante temporaire et la dépositaire responsable d'un patrimoine précieux. Avant de constituer, elle doit considérer et la volonté de ses prédécesseurs et la communauté de l'avenir, aussi loin que le regard peut porter. » Tout ceci, fort éloquemment tourné d'ailleurs, a une apparence spécieuse de profondeur (de nouveauté, pas précisément, car, au fond, cela avait été déjà dit moins bien par d'autres). En réalité, chaque génération fait son apport, chose essentielle que Taine a oublié de dire, et en même temps, elle touche plus ou moins à l'apport antérieur, pour le modifier ou pour le détruire. Qu'elle modifie ou détruise, ce sont ses intérêts qu'elle consulte. En suivant ce guide, l'intérêt, elle peut bien ou mal faire, bien ou mal choisir ce qu'elle s'ingère de détruire, de modifier ; il y a autant de chances pour l'un que pour l'autre, car ses intérêts elle les connaît assez bien ; mais si elle s'avise de présumer les intérêts des générations futures, je crois qu'elle risque fort de se tromper. Taine· parle de considérer « la communauté de l'avenir, aussi loin que le regard peut porter ». L'esprit le plus prévoyant ne se figurera jamais la communauté à venir autrement qu'en prolongeant le peuple dans l'état où il le voit actuellement. Il ne peut pas apercevoir d'avance les inventions, les découvertes, leurs applications, les machines, l'outillage à venir, toutes choses qui sont bien autrement effectives que les théories des philosophes, pour changer le régime économique d'un peuple, lequel de proche en proche impose des changements harmoniques aux autres relations sociales. Cette vérité éclate aux yeux de quiconque considère avec attention le cours

de notre xixe siècle. Mais Taine fut toujours remarquablement insensible et inclairvoyant devant les facteurs
économiques de l'évolution.

Je discuterai, encore une fois, plus loin, l'opportunité
de ces destructions. En attendant, je ferai remarquer un
singulier aveuglement de la part de Taine. Il n'a pas
voulu voir que ces destructions ont eu pour résultat de
faire d'une France disparate en ses coutumes, inégale en
ses parties composantes par suite des différents régimes
d'imposition et d'administration existants, d'une France
incommode aux relations commerciales et industrielles
par l'immense variété des poids, des mesures de toute
espèce, et par ses douanes intérieures, d'une France quelque peu réfractaire encore à l'échange des idées et à la
communication des sentiments, pis que cela, divisée réellement par des antipathies, des jalousies ou des incompréhensions mutuelles de pays à pays, que ces destructions
ont eu pour résultat de faire une France concordante, vivante, une vraie personne. Il n'a pas vu que ce résultat
avait été médité, préparé par des esprits clairvoyants et
pratiques ; qu'il s'est trouvé conforme aux vœux des
classes éclairées ; et qu'enfin il a été, après coup, accepté
par les masses populaires, sans ombre de résistance,
comme conforme à leurs inconscientes aspirations. Tout
cela est pourtant démontré par des milliers et des milliers
d'approbations particulières ; et bien plus fortement encore par la succession des fédérations locales qui, s'élargissant progressivement, ont fini par aboutir à l'universelle fédération du 14 juillet 1790.

* *
*

Parlerai-je des procédés de la Constituante à l'égard du clergé, de l'organisation nouvelle imposée à l'Eglise de France, et des suites malheureuses de cette ingérance? Ce sujet me retiendra peu ; car je ne vois pas qu'il ait été pour Taine l'occasion d'une thèse particulière ; j'entends d'une thèse psychologique. Au reste, mon avis est que la Constituante en cette affaire fut assez mal inspirée. Sa conduite fut maladroite et grotesque. Je ne dis pas cela parce qu'elle prit les biens de l'Eglise, en donnant en équivalence des traitements fixes à ses membres ; mais parce qu'elle porta la main sur le régime intérieur de l'Eglise, sur les rapports de cette Eglise avec son chef. Il fallait ne point toucher à tout cela ; surtout quand le mécontentement des prêtres se manifesta, il ne fallait pas s'en étonner, s'en irriter ; il ne fallait pas vouloir à toute force les mater, notamment par cette invention du serment qu'on leur demanda. Demander un serment quelconque de fidélité ou d'adhésion à une Constitution, laquelle n'est jamais que l'œuvre *d'une majorité tempo-raire,* excède le droit de cette majorité et du gouverne-ment qui, dans la meilleure supposition, est sa créature et son mandataire. Il est plaisant que la majorité d'un moment se conduise comme si elle pensait avoir le droit de s'éterniser et l'espoir d'y réussir. Et puis compter sur un serment imposé pour lier ses adversaires est d'une tactique parfaitement puérile.

Lacombe.   9

CHAPITRE VIII

La Révolution de 89 consiste essentiellement en deux grandes mesures ; la limitation du pouvoir royal, l'abolition des droits féodaux : celle-ci à tout le moins égale en importance, en conséquences, à celle-là ; en tout cas réclamée plus impérieusement par les masses populaires.

Il n'y avait pas que les intéressés qui fussent hostiles à ces droits ; les esprits éclairés les jugeaient, avec raison, contraires au progrès de la richesse générale, contraires au bien public ; les consciences lucides en sentaient la parfaite injustice. Ces droits odieux ne pouvaient manquer d'être atteints et touchés par la refonte révolutionnaire ; mais ils devaient l'être plus tard, quand l'assemblée nationale aurait triomphé des difficultés et des dangers de son premier conflit avec la royauté absolue ; des évènements imprévus en décidèrent autrement. Ces évènements eurent pour auteur le peuple, principalement celui des campagnes.

Nous avons raconté les évènements populaires qui suivirent la *grand'peur*. Nous avons vu qu'à leur tour ces émeutes amenèrent la nuit du 4 août, cette nuit où la Constituante déclara abolir tous les droits ayant un caractère féodal ou seigneurial. On ne peut trop faire remarquer que l'initiative populaire força la main au législateur et avança l'heure de la réforme. Il a convenu à Taine de s'étendre longuement sur les mouvements populaires, pour en faire voir le côté violent, les attentats contre les personnes et contre les biens, et de passer fort légèrement sur leur importance comme cause, comme influence sur la suite des évènements.

L'initiative populaire, après avoir précipité le débat de cette question, fit bien plus ; elle arracha finalement au législateur une réforme radicale qu'il n'était pas du tout résolu à faire. Taine a encore méconnu à peu près ce grand fait, et, à cette occasion, porté sur la psychologie des assemblées révolutionnaires un jugement assez injuste.

Les vraies dispositions du législateur se manifestent assez clairement dans la succession des décrets rendus sur cette matière.

D'abord ce sont les décrets issus de la nuit du 4 août : La Constituante déclare abolir, avec ou sans rachat, les droits féodaux ou seigneuriaux (c'est tout un) ; mais, dès ce premier moment, elle montre le vif sentiment de respect qui l'animait, en effet, pour la propriété ordinaire, pour celle qui était *avec certitude* le résultat du travail, de l'épargne, des contrats consensuels : elle s'efforce de distinguer dans les droits féodaux ; et la distinction qu'elle établit a bien un air de raison, de justesse qui semblait devoir satisfaire ou désarmer tout le monde : « ne seront abolis qu'avec rachat tous les droits seigneuriaux, qui paraîtront avoir pour origine, pour cause, non le pouvoir du seigneur, comme gouvernant local, mais une *concession de terre* faite par ce seigneur à l'un de ses sujets, et prise par ce seigneur sur son domaine propre ». Jusque-là personne, ce semble, n'avait à se plaindre, mais la Constituante, par ses décrets explicatifs de mars 90, outra le respect des situations acquises, et inconsciemment manqua de justice à l'égard des débiteurs des droits féodaux. Elle décida que la concession de terre, de biens-fonds, serait supposée toutes les fois que le contraire n'apparaîtrait pas avec évidence — et que ce serait au débiteur, qui contesterait la concession, à faire la preuve de son allégation.

Il faut bien le dire, pour les excuser, les jurisprudents de l'époque croyaient qu'en effet un grand nombre de ces droits avaient pour origine une concession de terre. Taine, sans doute, a cru encore plus fermement que les Constituants à cette origine, laquelle, en effet, aurait légitimé totalement ces droits selon nos idées juridiques actuelles, si elle eût été vraie. Pour mon compte, je l'avoue, je penche fortement vers l'opinion contraire : mais ce n'est pas ici le lieu de donner mes raisons (je les donnerai peut-être ailleurs). Provisoirement, admettons cette question comme douteuse, il nous reste à juger l'article qui mettait à la charge du débiteur la preuve à faire. Cet article, à mon avis, est injustifiable.

Tout de suite et de toutes parts les populations réclamèrent. Dans tous les foyers populaires, séculairement, s'était transmis et conservé ce sentiment que les droits féodaux étaient une usurpation, le résultat d'un excès de pouvoir, qu'à tout le moins ces droits avaient été gravement majorés, par la violence, par la fraude (celle surtout des fermiers seigneuriaux) ou par les procès iniques intentés devant des juges prévenus, partiaux pour la puissance, le rang, la richesse. Quand on connaît un peu l'homme général et surtout les hommes de notre Moyen Age, de notre ancien régime, on n'hésite pas à penser que le sentiment populaire était juste les trois quarts du temps. De toutes parts, partirent les objections les plus vives contre ces décrets de mars 90. « On nous demande de faire la preuve que le seigneur ne nous a pas concédé, il y a des siècles, les terres que nous cultivons, mais comment faire la preuve d'un fait négatif? Est-ce qu'il est possible en général de faire la preuve d'un fait négatif? et ici particulièrement, est-ce que nous autres, pauvres diables, de père en fils, nous avons des archives, nous avons des notaires à notre disposition, à notre dévotion? C'est au seigneur, qui a des archives, qui a des rapports constants avec les notaires, à prouver le fait *positif* de la concession. Intéressé plus que nous à conserver le titre primitif de sa créance sur nous, et ayant tous les moyens de conserver ce titre, s'il ne le représente pas, c'est que ce titre, il ne l'a jamais eu. » — Encore une fois, ce n'est pas ici le lieu de développer toute l'argumentation des débiteurs.

Taine, en cette affaire-ci, estime que l'Assemblée constituante n'a pas assez fait, en faisant tout son possible pour distinguer, dans les droits en question, ceux qui étaient respectables de ceux qui ne l'étaient pas. « Car, dit-il, tous ces droits étaient dans la même gerbe. »

L'Assemblée ne devait toucher à aucun d'eux si elle ne voulait pas les compromettre tous, comme il est effectivement arrivé, puisqu'on a fini par n'en acquitter aucun. Taine est-il d'avis au fond qu'il fallait respecter absolument tous les droits féodaux, y compris le droit du seigneur sur ses serfs? Je ne le crois pas; mais je crois bien que dans sa pensée, le peuple des débiteurs était en conscience tenu de racheter toutes ses redevances (1). Quant au mode de rachat, Taine aurait voulu que cela ne se fît pas de gré à gré, entre les intéressés, mais que la nation prît à son compte les frais du rachat; que par le moyen d'un impôt spécial, maintenu 20 ou 25 années, elle indemnisât les seigneurs dépossédés, comme la Restauration l'a fait plus tard pour les émigrés, comme l'Angleterre l'a fait pour les propriétaires d'esclaves. « L'État, dit Taine, en permettant la longue existence des droits féodaux, ne s'était-il pas engagé, envers les tiers qui de bonne foi, et sur sa foi à lui, État, avaient acheté, à des époques plus ou moins anciennes, les droits en question? — Cet argument serait à débattre et peut-être pourrait-on le retourner *contre Taine* et le mener par ce lien à des conséquences qui ne seraient pas de son goût. Laissons cela qui nous mènerait nous-mêmes trop loin.

(1) Il me paraît ici plus royaliste que le roi; les seigneurs les plus intelligents comprirent à l'époque que les banalités, les justices seigneuriales, bref tous les droits issus de leur ancien gouvernement n'étaient, ni défendables puisqu'ils ne se justifiaient *plus* par des services équivalents, ni même en bonne équité soumis à l'obligation du rachat.

Taine ajoute : « en tout cas l'Assemblée n'aurait pas dû lâcher l'émeute, l'anarchie. » Reproche vraiment injuste ; les masses rurales n'avaient besoin, pour s'émouvoir d'aucune poussée extérieure, officielle ou non. Quand il s'agit de ne pas payer un impôt qu'il ne croit pas devoir, le paysan français n'a besoin que d'une chose, entrevoir l'espérance de faire triompher ses refus. Or, dès l'heure où le roi convoqua les Etats Généraux, les paysans espérèrent au moins une demi-délivrance ; mais après le 14 juillet, après la prise de la Bastille, où l'Assemblée Nationale ne fut pour rien absolument, cela est bien connu, après l'émotion de la *grand'peur*, qui amena l'organisation spontanée des municipalités et des gardes-nationales, ce fut bien autre chose, le peuple sentit obscurément, mais puissamment, qu'il était le maitre de la situation. Il comprit qu'il ne payerait pas, s'il restait ferme à ne pas payer. Et alors c'est fini, il ne veut plus rien payer. Taine, en quelques pages très vivement écrites, et d'une vérité psychologique saisissante, nous a précisément démontré ce fait. Après cela, Taine s'imagine sans doute que l'Assemblée Nationale aurait pu forcer le peuple à payer, si elle l'eût bien voulu. Ni l'Assemblée Nationale, ni personne ! On peut l'affirmer hardiment en se fondant sur la dissolution de toutes les forces, de tous les moyens de contrainte, dissolution que justement Taine a dépeinte, avec des détails si convaincants, dans son *Ancien Régime* et dans son *Anarchie.*

Que des députés du tiers, en nombre indéterminable d'ailleurs, aient vu ces émeutes populaires d'un œil fort complaisant, les considérant comme propres à effrayer la cour, à la décourager, c'est certain ; mais il est sûr que des députés, plus ou moins nombreux du côté droit, en ont fait autant, dans un espoir contraire. Ceux-ci espérèrent que l'excès du désordre ramènerait tous les esprits à la raison ; c'est-à-dire, dans leur pensée, à l'Ancien Régime.

Racheter *nationalement,* comme le veut Taine, les constituants y pensèrent ; plusieurs plans, tendant à cette fin, furent proposés et débattus (ce que Taine ne dit pas) ; mais la situation financière qu'il aurait fallu, et qu'ont eue les gouvernements étrangers dont Taine allègue l'exemple, cette situation prospère n'existait pas. Pour racheter nationalement, il aurait fallu pendant vingt ans mettre, pour le seul objet des rachats (1), 500 millions d'impôt annuel sur les épaules d'un peuple dont on avait la plus grande peine à tirer 300 millions pour l'entretien des services indispensables.

* *

Dès la première heure, il fut visible qu'il faudrait sacrifier le seigneur ou le tenancier ; le seigneur en abolissant sans rachat, ou le tenancier en abolissant avec rachat. Car racheter, c'était payer encore, c'était continuer à payer et indéfiniment. Les tenanciers avaient raison, quand ils répondaient aux décrets de la Constituante : « Supposez que nous consentions à payer

____

(1) Car il y avait à racheter (avec les droits féodaux) les dîmes, les charges judiciaires et municipales, etc.

1.000 francs, pour nous dispenser de payer une rente
annuelle de 50 francs, nous perdons à jamais l'intérêt de
nos 1.000 francs, soit 50 francs. Nous ne voyons pas en
quoi notre condition devient plus avantageuse (1). » Et ils
ajoutaient : « Encore si nous devions véritablement, mais
nous ne devons pas et parce que nous avons longuement, séculairement, payé cette dette fausse, voilà que
nous serions maintenant obligés de continuer à la payer
sous une autre forme il est vrai, mais aussi réellement !
Si vous voulez avoir raison de nous, commencez par
nous prouver que la créance seigneuriale est bonne, et
que notre dette est issue d'une juste cause ».

Forts des décrets de l'Assemblée, les seigneurs créan-
ciers prétendirent naturellement percevoir leurs revenus
annuels (circonstance dont Taine ne parle pas ; il ferait
même volontiers supposer le contraire). De là des *Jacqueries* en 1791. Elles étaient irrépressibles, nous l'avons
vu. La législative crut ramener l'ordre, la sécurité, en
abolissant au moins la clause par laquelle le débiteur, con-
testant une concession originelle, était tenu de prouver
l'inexistence de cette concession. Retournant les rôles, la
Législative obligea le seigneur à prouver la concession
originelle (décrets de juin et d'août 1792). Changement
très considérable dans ses effets, qui pourtant ne satisfit
pas les paysans, ni les seigneurs. Réclamations des
deux parts, procès à l'infini, continuation même des Jacqueries sur certains points du territoire. Excédée de cette

____

(1) La Constituante, en réalité, prit le parti de sacrifier le tenancier (de quoi Taine ne lui tient aucun compte).

question, certaine d'ailleurs que quelque loi qu'elle fît, le paysan tiendrait parole et ne payerait rien, la Convention, par son décret de juin 93, abolit sans rachat toutes les redevances d'origine seigneuriale, ne réservant que les rentes foncières consenties entre particuliers ordinaires. Il y avait peu de rentes qui offrissent ce caractère avec une évidence incontestable.

On peut supposer que de vraies rentes foncières aient péri injustement dans cette vaste destruction, mais on peut soutenir, d'autre part, que la Convention, si elle fut peut-être injuste (1), fut certainement pratique ; elle prévint une quantité de maux (violences, pilleries, incendies, etc.) en se résolvant à accomplir elle-même un mal moindre.

En somme, la solution de la Constituante blessait bien plus grièvement l'équité ; et elle eut immédiatement des effets funestes. Pendant deux ans et demi, elle fut la principale cause des violences populaires dans les campagnes. Ainsi, la Constituante, à bonne intention, fit sur ce point plus de mal que la Convention ; et sa prudence calculée fut une imprudence effective.

La Législative resta également en arrière des vœux populaires. Ces assemblées furent traînées à une fin qu'elles ne voulaient pas.

Dans cette affaire-ci, comme dans l'affaire du pouvoir monarchique, un esprit qui, plus qu'homme, aurait vu clair dans les forces en instance pour produire l'avenir,

____

(1) C'est un procès à instruire ; il n'est pas pour le moment en état d'être jugé.

leur aurait dit : Vous serez obligés d'aller jusqu'à ce point ; allez-y donc tout de suite. S'il est des réformes qu'on fait imprudemment par trop de hâte, on peut aussi être imprudent par trop de lenteur à réformer.

Il est des situations où l'équité absolue est impossible à pratiquer et cela par la faute d'un monde immense de coupables, car c'est la faute d'une série nombreuse de générations. Quand on ne veut pas avoir à la fin les décrets d'une Convention, il ne faut pas que pendant des siècles les forts exploitent et les faibles supportent des régimes tels que notre Moyen Age et que notre monarchie absolue.

Maintenant, ai-je besoin de demander si dans toute cette affaire, quelqu'un autre que Taine aperçoit des indices décelant l'action de l'*extrait mince* ou du contrat de Rousseau? Je ne le pense pas. Dès que les principaux auteurs d'un mouvement sont des paysans, on est certain qu'aucun livre, aucune lecture n'y est pour rien et encore moins une pensée abstraite quelconque. Et rappelez-vous en plus ce que dit Taine du paysan de la fin du xviiie siècle qui n'a pas dépassé la mentalité du Moyen Age, qui est parfaitement illettré, mais qui, en revanche, porte dans la défensive de sa pauvre bourse un entêtement animal, d'ailleurs très compréhensible.

CHAPITRE IX

Le volume de la *Conquête Jacobine* correspond à la période qui, des élections pour la Législative, s'étend jusqu'à la Journée du 2 juin (violation de l'Assemblée, expulsion des Girondins). Le premier chapitre de ce volume, seul, appartient bien spécialement à mon sujet.

Un nouvel organe politique se forme, nous dit Taine : à côté du gouvernement légal, s'élève un gouvernement illégal, exercé par un parti ; et ce second gouvernement s'affermit, s'organise, tandis que le premier s'affaisse, tant qu'à la fin le second prend la place du premier et devient légal à son tour. De cette évolution quelles sont les causes ?

Taine nous dit : « Dès l'origine, une théorie s'est rencontrée, non pas improvisée, mais profondément enfoncée dans la pensée publique, nourrie *par le long travail de la philosophie antérieure :* C'est le dogme de la souveraineté du peuple. Il signifie, ce dogme, que le gouvernement est moins qu'un commis, un domestique. « C'est nous, disent les Jacobins, nous, qui l'avons institué ce gouvernement, et, après comme avant l'institution,

nous restons ses maîtres... Nous sommes toujours libres
de modifier ou de reprendre le pouvoir que nous lui
avons confié... Nous avons le droit d'agir sur ce gouvernement par voie immédiate et directe, de peser sur lui
à chaque instant, au besoin de le rejeter par-dessus
berd. Nous ne sommes pas faits pour subir l'*aristocratie de nos mandataires*, après avoir secoué l'aristocratie des privilégiés... L'assemblée nationale usurpe,
quand elle fait des décrets que nous n'avons pas ratifiés
et qui nous déplaisent. La municipalité de Paris abuse
quand elle fait des règlements, sans les soumettre à la
sanction des électeurs... Aussi y a-t-il des insurrections,
fort légitimes... Au reste, toutes les insurrections sont
légitimes ; le peuple y est toujours dans son droit, par
la raison qu'un maître a toujours droit d'exiger que son
commis ou son domestique se conforme à ses volontés
à lui, maître. »

Telles sont bien, en effet, à peu près les idées qu'expriment alors les chefs du parti *avancé*, Loustalot, Ca-
mille Desmoulins, Fréron, Danton, Pétion, Robespierre,
Marat, etc.

Leur erreur est palpable : Ils prennent pour des *commis* des gens qui sont des *mandataires*, des gens qu'on
n'a pas dû choisir pour qu'ils obéissent servilement, mais
pour qu'ils gérassent, selon leur conscience et selon leur
capacité, des affaires que les mandants étaient incapables
de gérer eux-mêmes. Étant, par supposition et en vérité,
plus capables que la masse de leurs mandants, ces députés sont à leurs mandants comme un avocat, un architecte, un médecin sont à leurs clients ; c'est-à-dire des

personnes de confiance qu'on consulte ou qu'on laisse
agir — et qu'on ne commande pas. — Est-ce que votre
médecin est votre commis?

Seconde erreur et plus grave; ils disent : « nous
sommes le peuple ». Vous? le peuple? — Non. Le peuple
n'est pas dans la population de Marseille seule, ou de
Bordeaux seul, ou de Paris seul; il n'est que dans le
corps total des électeurs français. Vous croyez, vous, Parisiens ou Marseillais, n'être tenus à rien envers les gouvernants, qui sont l'un mandataire de Lille, l'autre de
Bordeaux, l'autre de Rouen, etc.; vous vous trompez
grossièrement... Vous êtes tenus de respecter les mandataires d'autrui, si vous ne respectez pas les vôtres.
Admettriez-vous que Toulon ou Rouen touchât à vos
mandataires? Donc, s'il vous plait, ne parlez pas d'action
directe. L'égalité, que vous invoquez sans cesse, vous le
défend. Quant à changer à tout bout de champ vos mandants particuliers, si ce n'est pas injuste, c'est au moins
absurde. Vous serez donc toujours en train de faire des
élections, ou en train de décider si vos mandataires sont
à révoquer, si des élections sont à faire. Et à chaque instant vous présenterez donc, aux députés des autres parties de la France, de nouvelles personnes avec qui elles
devront s'aboucher et s'entretenir. Imaginez que les
autres collèges électoraux en fassent autant; cela devient d'une impraticabilité évidente; cela devient un
gâchis grotesque. En fait, cela aboutit à la domination des agités, des brouillons, surtout des ambitieux
qui trouveront tous les mandataires inacceptables,
tant qu'eux-mêmes ne seront pas ces mandataires.

C'est la domination inévitable d'un petit nombre sur le grand.

Si telle demeure votre humeur, la seule chose logique qui vous reste à faire, c'est de supprimer le régime des députés ; c'est de proclamer le gouvernement direct du peuple, un régime où les électeurs, toujours sur pied, dans toutes les communes de France, légiféreront à jet continu. Essayez-en un peu, pour voir ce que cela donnera.

Taine s'étonne que « des politiques, des législateurs, des hommes d'Etat se soient attachés à cette théorie ». Je ne vois pas pourquoi il s'en étonne ; car lui-même nous en a dévoilé tout le mystère, en nous faisant remarquer que les Jacobins, dans le temps où ils soutiennent cette théorie du peuple absolument souverain, absurdement souverain, ne sont encore que les chefs d'un parti en minorité, et qui de cette situation veulent s'élever à celle de gouvernants ; et en nous faisant présager que lorsque ces hommes seront devenus gouvernants, ils sauront parfaitement donner à la souveraineté du peuple le sens et la tournure qui s'accommoderont avec leurs intérêts de gouvernants. En revanche, Taine ne s'étonne pas que des masses ignorantes, absorbées par le travail quotidien, aient adopté cette théorie, et se la soient « enfoncée dans l'esprit ». C'est là précisément ce qui m'étonnerait. Combien y a-t-il d'hommes, dans une masse populaire, qui soient capables de concevoir une idée spéculative, et qui, l'ayant conçue (par extraordinaire), soient d'humeur à se conduire par cette idée plutôt que par une passion ou par un intérêt ? Au reste, Taine semble se ranger inconsciemment à cet avis. « Dans toute société dissoute, dit-il, les *passions* populaires sont la seule force effective... Un peuple misérable, affamé, se fait arme de tout ; pour l'opprimé, une doctrine est vraie quand elle l'aide à se délivrer de l'oppression. »

*
* *

Et voici comment il s'explique l'état mental de ces chefs, de ces hommes d'Etat, dont il parlait tout à l'heure. « Ceux-ci sont mus par un amour-propre exagéré ou par le raisonnement dogmatique. Or, ni l'amour-propre exagéré, ni le raisonnement dogmatique ne sont rares dans l'espèce humaine... En tout pays, ces deux racines de l'esprit jacobin subsistent indestructibles et souterraines... Les jeunes sont volontiers jacobins. » Ainsi, Taine reconnaît qu'en tout pays on a parfois l'esprit français, puisqu'on a l'esprit jacobin ; et que volontiers, c'est-à-dire ordinairement, pendant une période de jeunesse, les hommes, par tous pays, raisonnent à la française. Il me semble que cela fait une brèche dans ses théories sur l'esprit français, sur l'esprit classique, sur l'influence de Rousseau. « La plupart de ces jeunes s'assagissent et se désintéressent de ces idées, quand l'air politique est calmé. Mais quand, sous un vent d'orage, les clôtures sociales viennent à craquer, les jeunes, en grand nombre, demeurent jacobins. » Et voilà qui est encore une manière de concession, car Taine reconnaît ici que les circonstances extérieures ont le pouvoir de raccourcir ou de prolonger

l'ascendant des idées théoriques. J'engage vivement le
lecteur à lire dans Taine même cette théorie que j'appellerai volontiers la thèse du *Jacobin universel*. Notez
que je ne la trouve pas fausse... vraie plutôt, mais curieuse à la place où elle est, et dans l'entourage que
Taine lui donne.

Une page, qui sollicite encore davantage notre attention, est celle-ci. « Lorsqu'une doctrine séduit les
hommes, c'est moins par le *sophisme* qu'elle leur présente que par les *promesses* qu'elle leur fait ; elle a plus
de prise sur leur sensibilité que sur leur intelligence ;
car si le cœur est parfois dupe de l'esprit, l'esprit bien
plus souvent est la dupe du cœur. Un système ne nous
agrée point parce que nous le trouvons vrai, mais nous le
trouvons vrai parce qu'il nous agrée, et le fanatisme religieux ou politique, quel que soit le canal théologique
ou philosophique dans lequel il coule, a toujours pour
source principale un besoin avide, une passion secrète,
une accumulation de désirs profonds et puissants auxquels la théorie ouvre un *débouché*. » (*Conquête Jacobine*,
t. I, p. 29). Voilà une excellente page, d'une psychologie
incontestablement juste — sauf en sa dernière phrase : Car
la théorie n'ouvre pas un débouché aux passions ou aux
intérêts qui sont les vrais mobiles ; c'est affaire aux circonstances extérieures d'ouvrir ce débouché ; la théorie
a une toute autre fonction ; elle est chargée de justifier
ou de pallier les actes, en couvrant les vraies causes, intérêts, passions, du masque d'un motif purement intellectuel. spéculatif, désintéressé.

Cette page, excellente, en soi, est-elle d'accord avec

Lacombe.   10

celles qui précèdent ? Je ne crois pas. Que dit-elle en effet ? regardez y bien ; elle dit finalement que les hommes,
quand ils adoptent une théorie, l'adoptent moins pour le
sophisme, autrement dit pour le raisonnement qu'elle
contient, que pour l'assistance qu'elle apporte à quelqu'un de leurs intérêts ou à quelqu'une de leurs passions. Je suis absolument de cet avis. Et les faits nous
donnent raison à tous deux. Je rappelle ici que ces Jacobins, ces sectaires de la souveraineté populaire, dont
Taine vient de nous entretenir, sont avant tout, selon
lui, les disciples de Rousseau, formés à l'école du *Contrat social* (1). Or, un exemple, tout à fait saillant, va nous
montrer que chez les prétendus disciples de Rousseau,
l'intérêt, la passion, décident de leur fidélité à la doctrine de Rousseau ; fidèles tant que cela leur sert, non
autrement.

Il n'y a pas dans la Révolution assurément d'homme
qui apparaisse autant que Robespierre le disciple docile,
admiratif et constant de Rousseau. (Taine n'y contredi-
rait pas.) Robespierre, c'est l'homme du culte officiel de
l'être suprême, de la persécution des athées et de la bienveillance pour les prêtres catholiques. Voyez comment il
se conforme aux idées du contrat social. Il approuve
systématiquement tout ce que fait le peuple, non pas en

(1) Sur le sujet de Jean-Jacques et de son *Contrat*, on trouvera
peut-être que je suis un peu insistant (c'est-à-dire lourd). C'est
que je vois là l'occasion d'apporter ma contribution à un sujet
infiniment plus large, à la très importante question, à peine ef-
fleurée encore, de la puissance effective des idées, de leur rôle
propre dans les affaires humaines, parmi les autres forces solli-
citantes.

corps seulement, ce serait du Rousseau, mais en groupes tumultuaires, ce qui n'est pas le moins du monde du Rousseau. Il proclame le peuple essentiellement bon, c'est du Rousseau, mais cette flatterie profite à ce moment là à son autorité sur les masses; et si j'en crois Taine (et je l'en crois), Robespierre a visé ce profit, bien plus que l'avantage de s'accorder avec Rousseau. Robespierre proclame que le peuple, la multitude est toujours intelligente et avisée, ce qui n'est plus du Rousseau ; car Rousseau pense assez mal de l'intelligence des masses.

Tant qu'il est dans l'opposition — opposition déclarée, violente, contre les Girondins — opposition sourde, mais effective contre le premier comité de salut public, dominé par Danton, Robespierre professe l'absolue soumission des pouvoirs publics aux volontés du peuple en corps, du peuple en détail, comités, clubs, rassemblements quelconques ; et il s'aide merveilleusement de cette doctrine contre les gouvernants. Il devient gouvernant à son tour, il entre au comité de salut public ; dès lors il commence à pratiquer le métier de précepteur hautain, de législateur impérieux du peuple. Il agit plus que personne pour faire suspendre la constitution de l'an II, trop démocratique. Il accorde, pour sa part, des pouvoirs arbitraires aux représentants en mission, pouvoirs en vertu desquels les représentants cassent, annulent ou établissent toutes les administrations, jugent et guillotinent, demandent des comptes à tout le monde, clubs, comités, municipalités, et n'en rendent à personne, si ce n'est au comité dont il est, lui, Robespierre. Et quand il devient le maître de ce comité, il entend que la Convention, comme le peuple, et ses collègues du comité, comme la Convention, marchent exactement sur ses pas. Le moindre écart, la plus timide opposition, sont punis avec la dernière rigueur, autant que cela dépend de lui. Où sommes-nous là? en pleine dictature, dictature de quelques hommes, et à la fin même d'un seul. Rousseau a bien parlé de dictature, mais il s'agit chez lui d'un dictateur choisi directement et régulièrement par le peuple, en certaines circonstances extraordinaires; et cela est bien différent.

Robespierre demeure le disciple absolu de Rousseau sur un point; il faut noter cette exception, elle est une sorte de contre épreuve : c'est quand il proclame le culte de l'être suprême. Etait-elle nuisible à ses intérêts, cette doctrine? Oh! que non, c'était plutôt le contraire. — En résumé, Robespierre tire à soi Rousseau ou le lâche selon les temps et les circonstances, au gré de ses intérêts.

L'évolution politique accomplie par Robespierre, son effronté revirement d'un libéralisme outré, démagogique, à un régime absolument arbitraire, illibéral, et le plus illibéral qu'on ait jamais vu, ce revirement, dis-je, ne lui a pas été particulier; le même cercle a été parcouru par tous les montagnards.

Je désire qu'on ne se méprenne pas sur mon véritable sentiment; ce n'est pas d'avoir renié ou délaissé leur première conception de la souveraineté populaire pour en adopter une seconde que je blâme les Jacobins et les Montagnards, mais d'avoir trop longtemps professé et *exploité* cette première conception absurde et funeste.

Je ne les blâme pas davantage d'avoir ajourné la pratique de la Constitution de 93, d'avoir même délaissé, sans bruit, les institutions établies par la constitution de 91 (telles, par exemple, que les élections des tribunaux par le peuple) ; le pouvoir exécutif, le pouvoir central, national qui avait été affaibli, énervé presque jusqu'à l'impuissance, devait être restauré ; les circonstances périlleuses ou l'on se trouvait en faisaient une condition absolue du salut ; j'estime même que l'on procéda à cette œuvre de restauration avec des hésitations, des lenteurs qui étonnent à première vue. La première méthode adoptée pour résoudre ce problème, l'envoi par exemple d'une foule de représentants dans les provinces, avec un pouvoir dictatorial, donna, parmi quelques bons effets çà et là, des résultats plutôt déplorables, mais il faudrait, pour en juger définitivement, peser les difficultés de toute sorte avec lesquelles les gouvernants de cette époque furent aux prises... Cette difficile appréciation, nous n'avons pas heureusement à la faire ; elle n'est pas de notre sujet.

*
* *

Selon Taine, cette première manière de concevoir et de pratiquer la souveraineté du peuple que nous venons de voir, les Jacobins la tiennent de Rousseau ; ils l'ont puisée dans son *Contrat social.*

Si c'est du Rousseau, c'est du Rousseau adultéré, falsifié (1) ; à parler plus précisément, c'est du Rousseau interprété ou sélectionné pour la justification de procédés que l'on entend se permettre et qu'on se serait permis, en tout état de cause, parce que les intérêts et les passions, que l'on avait, ne pouvaient triompher qu'à l'aide de ces procédés.

Encore, selon Taine, le concept jacobin dériverait tout entier de cet article du *Contrat social* où Rousseau pose en principe que chacun des contractants fait un abandon complet de lui-même, se livre à la discrétion de la communauté, corps et bien.

« De là, dit Taine, sont logiquement sortis les réquisitions infinies de denrées et de marchandises, les confiscations, les séquestres, les réquisitions de personnes pour toutes sortes de services ; l'État a tout pris, parce qu'il avait été convenu qu'il pouvait tout prendre ; et il s'est fait pédagogue, théologicien, moraliste, censeur des mœurs, directeur des idées et des sentiments, parce qu'il avait été convenu que l'État était tout, et que les particuliers n'étaient rien. » Logiquement? alors nous serions ici devant un cas très rare, car ce n'est pas précisément la logique qui mène le monde ; mais regardons-y de plus près. Si quelque chose apparaît en saillie dans le système de Rousseau, c'est l'annulation de la liberté, de la spontanéité individuelle sous les volontés de la majorité ; mais d'une majorité constatée, indubitable, issue des votes d'une assemblée régulière du peuple entier. Or,

____

(1) Si j'en parle ainsi, ce n'est pas pour défendre Rousseau dont l'intérêt me touche peu.

si quelque chose me semble aller au pôle opposé, c'est-à-
dire à l'indépendance anarchique de l'individu, c'est la
souveraineté, comme l'entendent les Jacobins, *dans l'opposition*. C'est cette faculté, ce droit qu'ils accordent à
toute portion du peuple, à tout individu même, de parler
au nom du peuple, de protester contre les résolutions
prises par les pouvoirs établis, de s'insurger même
quand *ils sont tyrannisés*, ce dont eux-mêmes sont seuls
juges, remarquez bien ce point, car cela revient à dire :
on s'insurgera *ad libitum*.

Il n'avait qu'à distinguer les pratiques des Jacobins,
dans l'opposition, de celles qu'ils adoptèrent quand ils
furent les gouvernants, Taine aurait vu que leur première
conduite ne peut pas dériver logiquement du Contrat social. Quant à leur seconde conduite, nous allons voir ce
qui en est.

Je remarque d'abord qu'ici ce ne sont pas les individus, *sujets* dans le corps social, qui spontanément font
abandon d'eux-mêmes, qui se livrent librement à l'omnipotence de l'État, mais c'est l'État, strictement considéré, c'est un gouvernement qui impose ses exigences
aux sujets par des mesures coactives singulièrement
énergiques, ou par une commination vraiment effrayante. Il s'agit de voir si ces gouvernants trouvent
leur compte à appliquer logiquement le principe de
Rousseau, s'ils trouvent à cela faire la satisfaction des
intérêts que poursuivent ordinairement les hommes, appétit de pouvoir ou d'argent, satisfaction de vanité, d'or-

gueil, etc., ou si, au contraire, il en coûte quelque chose à leurs intérêts, à leurs passions ; car dans le premier cas il sera évidemment raisonnable de soupçonner que les intérêts ont agi autant, et même beaucoup plus que la logique pure. Pour éclaircir ce doute, il faut considérer d'un côté les circonstances et d'autre la logique. Or, dans les circonstances, voici ce que je vois : un gouvernement que la guerre extérieure, les dissensions intestines, la nécessité de se défendre, au dehors et au-dedans, l'absence de crédit, de ressources régulières, rendent extrêmement besogneux. Si dans une telle situation, ce gouvernement prend de toutes mains et de tous côtés, l'argent, les denrées, bref les choses nécessaires, je n'en suis pas surpris d'autant qu'il a la force ou qu'il y supplée par la violence. Je vois un gouvernement, qui est hostile aux classes supérieures, et à qui presque toutes les classes sont devenues hostiles plus ou moins, frapper à coups redoublés sur les personnes par lesquelles il se croit menacé, et je n'en suis pas surpris ; je vois un gouvernement, qui, comme tous les gouvernements, n'aime pas les critiques, les oppositions, qui est même infiniment susceptible sur les critiques, parce qu'il a des raisons exceptionnelles de craindre pour son existence politique et corporelle, je n'en suis pas émerveillé ; et je me dis qu'aucune théorie n'est nécessaire pour qu'il se conduise, comme il se conduit, que ses intérêts y suffisent, qu'il se conduirait de même en l'absence de toute théorie, et que s'il en allègue pourtant une, il faut qu'elle lui serve à quelque chose, et je vois qu'effectivement elle lui sert à colorer sa conduite, à couvrir ses mobiles intéressés, ce qui est encore un expédient parfaitement humain ; car on n'avoue que jamais qu'on agisse par intérêt, surtout quand on est gouvernement.

*
* *

Taine nous fait remarquer que la conception jacobine de l'État est une conception rétrograde. « Elle entreprend de ramener l'*homme moderne* dans une forme sociale que depuis dix huit siècles il a traversée et dépassée... celle qu'on voit dans les vieilles cités grecques et latines... à Rome et à Sparte, que les Jacobins prennent pour modèles. »

Assurément, en faisant leurs œuvres, les chefs, un Robespierre, un Saint-Just, d'autres encore ont assez souvent pensé à Sparte, à Rome, (je sais gré à Taine de s'en souvenir) mais qu'ils aient pris ces cités antiques pour modèles au sens strict du mot, je ne l'admets pas ; et Taine, je crois, ne l'admet pas davantage ; son langage passe au delà de sa pensée. Ils ont imité Sparte et Rome juste dans la même mesure où ils ont copié le *Contrat social ;* je veux dire qu'ayant résolu certains actes, adopté certaine conduite, en vertu de leurs intérêts et de leurs passions du moment, ils ont trouvé bon de rappeler, d'invoquer Sparte et Rome, comme à d'autres moments ils invoquent Rousseau, pour se confirmer à eux-mêmes et pour persuader aux autres, la justesse ou la justice de leurs procédés gouvernementaux.

Au reste, dans ce chapitre de Taine, de bonnes pages suivent, sur l'évolution des idées et des sentiments politiques, depuis l'antiquité jusqu'à nos jours ; je les laisse à regret ; mais la citation en serait trop longue. Et cela finit excellemment. « Non seulement, dit Taine, les circonstances sont différentes, mais le fond de l'âme a changé et il s'est développé dans l'homme moderne un sentiment qui répugne au contrat antique... Deux mots nouveaux, conscience et honneur, expriment deux idées inconnues aux anciens. La première de ces idées est d'origine chrétienne, la seconde d'origine féodale. » Il y aurait quelque réserve à formuler au sujet de ces origines ; et on pourrait ajouter encore peut-être que ces idées n'ont pas été absolument inconnues aux anciens, mais passons ; il y a dans l'assertion de Taine une assez bonne mesure de vérité. Après cela, viennent quelques lignes éloquentes, et toutefois suffisamment vraies, sur la conscience religieuse, celle que le croyant, dans sa pensée, rapporte à Dieu, comme à la source d'où elle descend. Et puis tout à coup cette idée, digne du vrai Taine, du Taine primitif. « Par ce dialogue qui a duré dix-huit siècles, la conscience s'est affinée, et l'homme a conçu la Justice absolue ; qu'elle réside en un maître tout puissant, ou qu'elle *subsiste en elle-même*, à la *façon des vérités mathématiques*, cela n'ôte rien à sa sainteté, ni partant à son autorité. » Voilà qui est très bien et fortement dit. Taine, en bonne voie, continue ainsi : « en même temps un autre sentiment a surgi, non moins précieux, et plus *vivace*, plus humain, plus *efficace* encore, l'orgueil. Dès lors, non seulement, l'homme se fait respecter par autrui, mais il se respecte lui-même ; il a le sentiment de l'honneur. Chez la femme moderne, le sentiment du devoir est un premier gardien de la pudeur, mais il a un auxiliaire *plus fort que lui*, je veux dire l'honneur, ou orgueil interne. Telles sont aujourd'hui les deux idées maîtresses de notre morale européenne ».

Voilà, à mon sens, de la psychologie exacte, et Taine est sur la bonne piste. S'y est-il toujours maintenu? Ceci est-il bien d'accord avec ce que Taine pensera et écrira en dernier lieu touchant les racines de notre moralité? Nous aurons plus loin cette question à débattre.

Cette conscience, cet honneur, qui sont comme le sanctuaire et comme le château-fort de l'homme, il faut, d'après le nouveau contrat social, que l'homme les livre à l'État, et à quel État? à un État démocratique ; en théorie à la communauté ; en pratique à la pluralité des voix comptées par tête, à une majorité provisoire, qui abusera de sa victoire, pour violenter la minorité ; plus précisément, à six ou sept cents députés, parmi lesquels il n'en est qu'un que l'électeur soit appelé à choisir, et qu'il ne contribue à choisir que pour un dix-millième. « Ce sont ces six ou sept *étrangers* à qui je remets mes pleins pouvoirs ! et dans quelles conditions dangereuses ! avec quelles chances d'erreur de ma part et de fraude de la part d'autrui ! et avec quelles garanties de probité ou de compétence chez les candidats qui s'offrent !... Certainement, s'il me fallait renoncer à moi-même, je risquerais moins en me démettant au profit d'un roi ou d'une aristocratie, même héréditaire ».

Ici en résumant Taine, je l'affaiblis singulièrement; j'avertis le lecteur qu'il y a là un réquisitoire terrible. L'argumentation en est toute tissée de vérités, de réalités incontestables, et l'orateur vous la porte au visage, avec le geste d'une sourde mais implacable aversion. Contre qui, contre quoi, ce plaidoyer véhément? Contre le régime démocratique? certainement. Contre le régime parlementaire? Il semble; mais non, il faut distinguer; il n'y a d'accusé ici que le régime parlementaire, manié par le suffrage universel; un autre régime parlementaire existe, par exemple l'anglais, que Taine met hors de cause, nous le savons assez par ailleurs. S'il n'est pas un démocrate, Taine est incontestablement un libéral... seulement, il aime mieux encore tout subir plutôt que la démocratie. « Je risquerais moins, dit-il, en me démettant au profit d'un roi » et, en disant cela, lui historien, il se montre vraiment trop oublieux de l'histoire. Remarquez bien le fond de son accusation : selon lui la démocratie, comprise à la façon de Rousseau, est détestable parce qu'elle exige de l'homme l'abandon de sa conscience et de son honneur intimes. Or, il y a eu, et c'est là ce qu'il oublie, il y a eu des royautés qui ont bien autant entrepris contre la conscience, sinon contre l'honneur. Taine ne se souvient pas des procédés de Louis XIV à l'égard de ses sujets protestants. Il ne se souvient pas des procédés de Philippe II et de la complicité constante des rois espagnols avec l'inquisition, ni de bien d'autres événements, où des rois de tout pays en ont agi fort malhonnêtement avec cette malheureuse conscience de l'être humain.

« Si dans toute constitution moderne, le domaine de l'État doit être borné, c'est dans la démocratie moderne qu'il doit être le plus restreint ». Oh! d'accord.

« Tâchons donc de reconnaître les limites du domaine
légitime de l'Etat. » Là-dessus, Taine a trente pages dont
les idées ne sont pas neuves. Elles ne pouvaient plus
l'être à cette date; mais elles pouvaient encore être
appuyées d'idées accessoires, elles pouvaient être cir-
constanciées, illustrées de détails sensibles, déduites
étroitement les unes des autres, exprimées dans une
langue forte et convaincante... Tout cela Taine l'a fait
admirablement. Ces trente pages, à tous égards, ne
laissent rien à désirer.

Toutefois sommes-nous pleinement d'accord avec lui?
Non pas. Que la démocratie, entendue à la manière de
Rousseau, soit un concept rétrograde, que l'application
totale de ce concept dans notre société moderne soit impossible, que son application, en ce qu'elle a de réalisable, soit plutôt funeste, très bien, j'y consens, pour
mon compte; mais, première dissidence à ce sujet, je ne
crois pas au rôle historique du concept de Rousseau,
comme Taine y croit; et ce n'est pas là une dissidence
d'érudition seulement; c'est une dissidence en psychologie générale, car selon nous, la théorie de Rousseau,
non seulement n'a pas en fait exercé l'ascendant que
Taine lui attribue, mais étant donnés les hommes en
général, et les motifs que déterminent ordinairement
leur conduite, cet ascendant lui était dénié d'avance par
des influences d'une force supérieure.

Dissidence plus grave : Taine, je l'ai dit, a placé sa
confiance d'homme politique, et quant au présent et
quant à l'avenir même, dans un certain parlementarisme,
le parlementarisme à l'anglaise; et nous, loin de là,

nous avons fort envie de lui retourner le même compli-
ment (au fond) qu'il adresse à la conception jacobine et
de lui dire : « C'est là une forme que la mentalité de
l'homme moderne a dépassée ou au moins est en train
de dépasser ; une forme non pas précisément rétrograde,
mais arriérée. »

Quant à la démocratie, question capitale, problème à
résoudre, dont la solution réfléchira puissamment sur
nos destinées, nous aurions à dire bien des choses, mais
ce n'est pas ici le lieu. Ici, sommairement, nous dirons
qu'il doit y avoir manière de concevoir la démocratie
autrement que Rousseau, et que si l'on veut écarter la
forme démocratique de Rousseau, il faut même trouver
cette autre manière. Taine, autant que personne, tient à
écarter la démocratie de Rousseau ; seulement il ne la
remplace par rien, par *aucune sorte de démocratie ;* il
n'en voit pas la nécessité ni la justice ; et c'est une
énorme lacune dans cette grande intelligence.

Taine a fait du Jacobin un portrait autour duquel on
a mené un certain bruit. Pour les uns, ce portrait était
merveilleux de vérité et de rendu, pour d'autres il n'était
que fantaisie et fausseté. La contestation dure encore.
Je crois qu'il est toujours imprudent de *portraiturer* toute
collectivité un peu large, laquelle, par conséquent, a dû
contenir des hommes passablement différents ; et qu'on
fait ainsi, d'une diversité réelle, une unité forcée et fac-
tice.

Pour moi je ferai à propos de ce prétendu portrait une autre observation. Taine nous dit : « La France vivante échappe au Jacobin. Il n'a dans sa tête que des généralités sans substance... que l'homme en soi... des unités toutes pareilles et égales. En cela il suit le procédé du siècle et les traces de Jean-Jacques. Son cadre mental est le moule classique » c'est-à-dire cet esprit français, si étroit, dont Taine nous a déjà tant parlé.

Je remarque qu'à ce compte le Jacobin ne diffère pas essentiellement du Constituant ; au fond, pour Taine, c'est le même homme, au moins quant à l'intelligence, sinon quant au caractère. Il nous paraissait pourtant, à en juger par la conduite des uns et des autres, par leurs œuvres, par leurs lois, qu'ils ne se ressemblaient pas tant que cela. Je crois bien que Taine, ici, a un peu péché par indiscernement ; il a trop vu les gens en bloc.

Et voici qu'en avançant dans ce volume, et y rencontrant son jugement sur les Girondins, je suis porté à faire la même critique. Sans doute, Taine n'a pas laissé de distinguer quelque peu les Girondins d'avec ces Jacobins qui les ont envoyés à l'échafaud ; mais il me semble qu'il n'a pas marqué ce qui les séparait, essentiellement. « Ils ont en commun, dit Taine, le dogme de la souveraineté du peuple » et c'est, ajoute-t-il, ce qui affaiblit singulièrement leur résistance contre les Jacobins. La vérité est que Jacobins et Girondins, en prononçant ce même mot de souveraineté, l'entendent fort différemment : pour les Girondins, le peuple est souverain quand tous ses membres votent paisiblement, régulièrement dans les comices et y nomment les représentants

qui feront la loi ; mais hors de ces conditions, il n'y a
que des foules, il n'y a pas de peuple investi d'un droit
de gouvernement. En somme, les Girondins professent
le principe fondamental de notre régime actuel, celui du
gouvernement des majorités ; les Jacobins (des Clubs,
de la Convention) professent que la souveraineté réside
non pas seulement dans le peuple entier, mais dans
toutes ses fractions, même dans chaque individu. Pour
eux, cette souveraineté n'a pas d'intermittence, elle n'est
soumise à l'observation d'aucune forme régulière. Ceux-
ci logiquement vont à l'anarchie, en tout cas au fédéra-
lisme le plus extrême, ce qui est la même chose ; tandis
que les Girondins pourraient bien aller au régime le plus
concentré et le plus autoritaire.

J'entends qu'on proteste : « Ne sont-ce pas les montagnards, les Jacobins qui ont précisément instauré,
contre le régime semi-anarchique de 1789, le gouvernement le plus concentré, le plus autoritaire, le plus
fortement armé contre toute résistance ? » D'accord.
Seulement, les Jacobins hors du pouvoir, et les Jacobins
au pouvoir, cela fait deux ; je n'ai voulu parler que des
Jacobins hors du pouvoir ; vous m'objectez les autres ; ce
qui fait que votre objection ne vaut pas. Mais finalement
quelle réflexion nous vient à l'esprit, lorsque nous voyons
Taine rapprocher ainsi les Constituants, les Girondins, les
Montagnards, en alléguant un procédé commun de raisonnement, qui selon lui exerce sur tous un ascendant pri-
mordial et capital ? Cette prétendue communauté, chargée
d'expliquer, d'éclairer les tragiques dissidences qui en-
sanglantent la Révolution française, fait justement tout

le contraire ; avec elle nous comprenons moins qu'auparavant.

Les Jacobins, comme les Girondins, comme les Constituants, tous les gouvernants de la Révolution, en un
mot, ayant également perdu de vue, selon Taine, le
Français réel, le Français vivant, ils ont naturellement
méconnu les vœux, les besoins de ces Français. Taine,
lui, par ses longues études historiques ayant découvert
le Français, aurait dit nettement à ce Français ce qu'il
lui fallait ; or voici ce qu'il lui aurait conseillé : 1º De
laisser le roi juge et maître des réformes à faire ou à ne
pas faire. 2º De conserver ses nobles et ses prêtres
comme corps politiques privilégiés. 3º De payer ou de
racheter les droits féodaux.

Par les deux premières propositions, Taine eût révolté
l'élite intellectuelle de la nation ; par la dernière, il eût
soulevé les 90 centièmes du peuple, non pas abstrait,
mais vivant. Il n'y a pas à contester ; car le peuple, tantôt celui des villes, tantôt celui des campagnes, a cru voir
en de nombreuses occasions que ses mandataires, ses
députés (constituants, législatifs, conventionnels), étaient
disposés à faiblir, à faire des concessions tantôt au roi
(question du veto), tantôt aux privilégiés (question des
droits féodaux), et chaque fois que le doute lui est venu,
chaque fois qu'il a soupçonné une velléité de concession,
ou même de temporisation, il s'est violemment et généralement ému. Ces émeutes populaires, ces Jacqueries

Lacombe.   11

dont Taine fail si grand emploi ont eu, les trois quarts du temps, pour point de départ, les soupçons dont je viens de parler. Ce sont là des faits absolument avérés et c'est là comme une demi expérience de la politique proposée par Taine. Quel mouvement gigantesque, universel, formidable eût répondu à la proclamation nette de cette politique ! Il est curieux qu'après avoir, comme historien, raconté tant de mouvements populaires dûs aux appréhensions du peuple pour les conquêtes de la Révolution, Taine ait persisté dans une philosophie si utopique !

CHAPITRE X

LE GOUVERNEMENT RÉVOLUTIONNAIRE. — LE PROBLÈME DE LA TERREUR

On a fait à Taine, historien de la Révolution, un reproche grave. On lui a reproché d'avoir peint le régime révolutionnaire, le régime terroriste, sans donner pour fond à ce tableau l'image des dangers de la patrie qui, seule, rend ce tableau compréhensible. Le reproche est juste, incontestablement ; mais peut-être que le tort de Taine s'atténue par un tort que d'autres historiens s'étaient donné, en sens inverse. Il y a au sujet de la Révolution deux opinions tranchées, et comme deux écoles. Si Taine, et d'autres avec lui, ne tiennent presque aucun compte de l'immense lutte que nos révolutionnaires soutinrent contre l'Europe, il est des historiens qui voient dans cette lutte l'unique cause des excès incontestables de la Révolution.

Taine ne nomme jamais ces historiens de l'école adverse ; nulle part, il ne les cite pour les critiquer ; mais on aurait tort, à mon avis, de croire qu'il n'a point songé à eux. Il me semble au contraire qu'il les a toujours présents et vivement présents à l'esprit ; et qu'il s'est imaginé leur répondre de la manière la plus forte, la plus convaincante, en procédant comme il l'a fait. Il lui a paru qu'il n'y avait rien de plus décisif que de composer un tableau de la Terreur, avec une multitude de traits exacts et saisissants. Et de fait, aucun historien avant lui n'a exposé la Terreur avec tant de détails, et si bien choisis pour en donner une impression d'horreur. Il ne s'est pas aperçu qu'avec tout cela l'argument de ses adversaires restait debout, et qu'à raconter, en grand nombre, des actions atroces, il ne prouvait pas pour cela que ces actions fussent incapables de provenir d'une exaspération du patriotisme. Finalement, Taine, qui n'était pas un *debatter*, mais un admirable peintre d'histoire, a obéi, sans s'en douter (comme il arrive toujours), à l'impulsion de ses facultés, et satisfait à l'intérêt de son genre de talent.

*
* *

Je ne crois pas sortir de mon sujet propre, qui est Taine, en montrant, ou du moins en essayant de montrer, contre les adversaires de Taine, que le péril national, allégué par eux comme la cause unique des excès de la révolution, n'est pas une explication aussi certaine, aussi définitive et incontestable qu'ils l'imaginent, ou, pour mieux dire, que cette explication n'explique pas tout. Une part, et assez grande, des actes révolutionnaires reste problématique, au point de vue de leurs causes.

Il est évident que ce problème est d'ordre psychologique. Taine, qui pourtant était un psychologue, l'a esquivé, sans s'en douter. Mais ses adversaires le supposent résolu. J'estime qu'il est loin de l'être. Après cela, je déclare tout de suite que je ne prétends pas le résoudre : il y faudrait un volume, et surtout il y faudrait une préparation qui me fait défaut. Je veux simplement montrer, ou essayer de montrer, qu'il y a vraiment question à débattre.

*
* *

Il est certain qu'il y a eu danger national, et même grand danger ; mais que le danger ait tout fait, que la Terreur ait été uniquement l'effet du patriotisme exaspéré, c'est décider avec simplicité une question qui, même à première vue, apparaît comme très complexe.

Quand un grand nombre d'hommes ont coopéré à l'un de ces mouvements historiques, vastes et nécessairement hétérogènes, tels que la Terreur, il est invraisemblable, mettons improbable, si vous voulez, qu'ils aient tous obéi à un mobile à la fois exclusif et commun ; ici par exemple, il est improbable que tous ceux qui, à un degré quelconque, furent les auteurs de la Révolution n'aient été purement que des patriotes en colère ; qu'ils n'aient pas apporté dans leur activité l'être mêlé qu'est l'homme ; improbable que dans la Terreur on ne retrouve pas l'influence des passions égoïstes, dont l'homme ne se dépouille jamais entièrement, intérêt, ambition, haine, jalousie, etc., etc.

Admettons, je le veux bien, que le patriotisme, exas-

péré par le danger national, ou par le danger des institutions révolutionnaires, ait été le mobile principal et
universel des hommes qui firent la Terreur ; après cela,
nous sommes, je crois, tenus de supposer que ce mobile
a dû être chez un très grand nombre d'entre eux, sinon
chez tous, plus ou moins adultéré par le mélange d'autres
mobiles, moins hautement proclamés, ou tout à fait ina-
voués. Admettre, sans plus ample informé, l'absence
totale de ces mobiles, dont la coexistence se montre partout ailleurs dans l'histoire, serait céder, pour une raison
ou une autre, à la séduction d'une hypothèse fort para-
doxale.

Pour qui veut atteindre en cette affaire la vérité psychologique, la vraie vérité, il y a donc une enquête (oh!
délicate, difficile, j'en conviens) à entreprendre, en vue
de reconnaître ce qui a réellement appartenu à l'impulsion patriotique, et ce qui est issu de motifs moins purs.

*
* *

Comment accomplir cette œuvre de discernement,
comment faire ce départ avec probabilité, sinon avec
certitude? Par quelle méthode? — Le principe méthodique est des plus connus ; à l'énoncer, il est des plus
simples. On le pratique presque instinctivement chaque
jour. En tout cas il a été appliqué, pratiqué dans la
question qui nous occupe. Il consiste à considérer le
plus nettement, le plus complètement possible, d'un côté
la *cause* prétendue, d'un autre côté l'effet, ou les effets y
attribués, et à rapprocher, rattacher tout anneau de la

chaîne des effets à quelque anneau des circonstances de la cause, *au moyen d'une vérité psychologique généralement admise.* Les historiens partisans du danger, cause unique, n'ont pas absolument failli à cette tâche, mais ils n'ont pas, non plus, rempli toutes les conditions découlant logiquement du principe méthodique. On comprendra quelles lacunes je leur reproche par l'exposé que je vais tenter de ces conditions.

*
* *

Il faudra d'abord, je crois, *distinguer*, dans le péril en question (plus nettement qu'on ne l'a fait), deux périls, l'extérieur, celui qui menace notre nationalité, l'intérieur, celui qui menace les nouvelles institutions, le *gouvernement momentané* et la *personne même des gouvernants.*

Il est clair, en effet, il est incontestable que le souci du péril extérieur, les émotions que ce péril suscite, les actions qu'il provoque, appartiennent au sentiment patriotique, c'est-à-dire à un mobile qu'on peut considérer comme *altruiste*, comme désintéressé, parce qu'il y entre, avec l'inquiétude pour soi-même, une forte proportion de préoccupation pour d'autres que soi.

Le souci du péril intérieur n'a pas de racines psychiques aussi pures. — Il se peut sans doute que l'homme, qui s'émeut de ce souci, obéisse à une impulsion d'un ordre élevé, par exemple s'il s'inquiète pour les institutions nouvelles, parce qu'il les regarde comme avantageuses au peuple, à la nation, à l'espèce humaine ; mais il se peut aussi que cet homme soit mené par l'esprit de parti, c'est-à-dire par la tendance, trop incontestable, du caractère humain à entrer dans une lutte politique ou religieuse, pour y déployer le fanatisme de sa propre opinion et l'intolérance du sentiment d'autrui. Et déjà chez celui-ci, nous avons affaire à un mobile qu'on doit classer parmi les mobiles égoïstes. — Il se peut que l'homme en question ait un intérêt privé à la conservation des nouvelles institutions, comme les acquéreurs de biens nationaux, comme les bourgeois, les militaires, les écrivains, tous gens que les privilèges économiques et honorifiques de la noblesse blessaient en tant de façons, et encore comme l'homme du peuple si méprisé, qu'on exalte maintenant, et qui conçoit des espérances démesurées. — Il se peut que tout ce qui compose le personnel gouvernemental et administratif mêle à des convictions plus ou moins sincères, une forte dose de crainte pour sa situation, pour son pouvoir, et même pour sa vie, étant donnés ses actes passés. Et tout ceci est vraiment très supposable. Or, il est évident que nous avons maintenant affaire à des mobiles qu'une complaisance systématique peut seule qualifier de patriotisme.

Est-il possible de reconnaître, dans l'un quelconque des acteurs révolutionnaires, s'il obéit plutôt aux mobiles égoïstes qu'aux mobiles désintéressés? Y a-t-il pour cela des marques sûres, ou même seulement probables? Absolument sûres, cela est rare, je pense; mais probables, cela est fréquent, je le crois.

***

En regard de cette distinction-ci, dans une sorte de parallélisme, il faudra établir d'autres distinctions.

Distinguer d'abord le *gouvernement révolutionnaire* d'avec le régime *terroriste*. J'entends par gouvernement révolutionnaire les mesures qui ne tendent qu'à redonner vie et force au gouvernement exécutif et central, à unifier, concentrer ce pouvoir qu'avaient affaibli, dispersé, dissipé les lois de la Constituante.

Comme exemple de ces mesures, je rappelle l'établisment du *Comité de salut public*, et la création d'un *agent national* auprès de chaque département, de chaque district, de chaque municipalité, C'est là un ouvrage qui fut évidemment nécessité par les circonstances, et qui, excès à part, est inattaquable dans son principe, dans l'intention première (on sait qu'il ne devait être que temporaire). — Le régime de la Terreur, lui, est constitué par les lois qui organisèrent la *suspicion*, les tribunaux *exceptionnels*, surtout par l'intention même de terroriser au moyen de supplices accumulés, prompts et systématiques. On ne peut trop souvent rappeler que ce régime fut baptisé la Terreur, non par ses adversaires ou ses victimes, mais par ses inventeurs, tout les premiers.

***

Il serait très utile, je crois, de distinguer dans la Terreur, plusieurs Terreurs, d'après les différents motifs, les différentes justifications que donnent de leurs mesures les auteurs du régime terroriste.

Une observation, au préalable :

Avant d'être un régime proclamé, un système officiel, la Terreur a commencé, ce me semble, par être, chez nos aïeux de la Révolution, un procédé *spontané* — procédé où il y eut peut-être quelque action d'un instinct naturel et général chez l'homme ; où il y eut, en tout cas, une disposition héritée, ou inspirée par l'éducation et par les exemples de l'ancien régime. Cette disposition, je la définis : la tendance à frapper toute résistance, toute opposition par les peines les plus graves, ou même immédiatement par la peine la plus grave, sans égard aux différentes gravités de l'opposition, et cela afin d'intimider, et de suppléer par l'intimidation aux moyens réels de coercition. Cette tendance, je la vois agir dans les pénalités qui furent très promptement appliquées aux émigrés et aux prêtres insermentés.

Quant à la Terreur *systématique*, il semble bien que Danton en ait été le promoteur. Il a le premier usé du mot, comme d'une formule de gouvernement à adopter par son parti, et déclaré que, lorsqu'on n'avait pas la force réelle pour vaincre, il fallait contenir par l'intimidation.

Une fois le système adopté et pratiqué, un besoin assez naturel de justifier ce système fit imaginer, avec plus ou moins de sincérité, toutes sortes de complots qui furent imputés aux adversaires. Alors, la Terreur frappa du dernier supplice des actes réels de révolte contre le gouvernement, et, en sus, beaucoup d'actes purement supposés, ou même sciemment forgés. Etre soupçonné, suspecté, ce fut déjà être coupable. Il importe de le remarquer, les suspects n'étaient pas ce que nous appelons aujourd'hui, dans la langue juridique, des prévenus. Pour nous, un prévenu est un homme soupçonné d'avoir commis un acte précis, qui a eu lieu réellement. Le suspect fut un homme qui, à raison de sa naissance ou de sa position sociale, ou de ses relations, de ses alliances, était jugé capable de nourrir intimement des sentiments d'hostilité à l'égard du gouvernement. Il y eut certainement des gens guillotinés rien que pour être tombés en suspicion, et comme une suite logique de cet état. Cette terreur-là est certainement la plus en vue dans l'histoire ; elle a été la plus remarquée.

Robespierre, Saint-Just, Billaud, et, à leur suite, les partisans du gouvernement révolutionnaire poussèrent plus avant ; ils étendirent infiniment l'exercice de la Terreur, par le but nouveau qu'ils se proposèrent d'atteindre. Ce but, *officiellement* proclamé, n'était rien moins que la régénération nationale, laquelle, dans la pensée de ces hommes d'Etat, devait promouvoir à son tour la régénération des peuples européens.

Remarquez le chemin parcouru : à la première étape, il s'agissait seulement d'un régime exceptionnel et bref, nécessité par la guerre, et qui devait cesser le jour de la paix ; maintenant, en assignant pour terme à ce régime l'accomplissement de la régénération, les gouvernants se donnent une bien autre carrière ; ils espacent leur règne à l'infini.

Le projet de la régénération fut énoncé parfois en des

termes autres, mais équivalents : on se déclarait résolu à mettre la *vertu à l'ordre du jour*. Dans son discours du 7 mai 94, Robespierre disait : « L'immoralité est la base du despotisme, comme la *vertu* est l'essence de la république ». Il faut bien les en croire, lui et ses disciples ; ils ne visèrent pas, en cette occasion, le péril extérieur (nous verrons d'ailleurs tout à l'heure s'il existait) et pas davantage le péril intérieur, du moins un péril précis, urgent, absolument contemporain ; car voyez, s'il vous plait, quels sont les périls qu'ils prétendent écarter, détruire : c'est l'existence des commerçants, des industriels, voire même des agriculteurs qui veulent vendre librement leurs produits ; c'est l'existence de l'homme riche (de plus de 3 ou de 6.000 francs de rente) ; c'est l'existence de l'homme d'une culture raffinée ; celle de l'homme qui a de certaines manières et, enfin, l'existence de l'homme égoïste. Ces périls-là dataient, il faut en convenir, du plus lointain de l'histoire ; il fallait donc qu'ils sortissent de sources psychiques bien profondes et bien constantes dans l'âme humaine. — Quelle témérité de vouloir parer en quelques mois, en quelques années, ou même dans le cours d'une génération, à des périls si invétérés, si enracinés ! Les terroristes espéraient-ils donc vivre un siècle et gouverner jusqu'à la fin de cette longue vie ?

Plus étonnant encore le choix des moyens adoptés : la prison, la guillotine. Comment ont-ils fait pour ne pas voir l'évidence, à savoir que chaque coup frappé, pour supprimer un adversaire, devait leur en susciter dix, atteints dans leurs affections ou leurs intérêts ou leur sécurité personnelle, en sorte qu'en prétendant mettre fin au péril séculaire, perpétuel, ils accroissaient en proportion indéfinie le péril contemporain, immédiat. Quels esprits, quels caractères, cela suppose-t-il? Plus que jamais, nous avons ici le sentiment d'une énigme psychologique.

Leurs procédés rappellent ceux que l'histoire nous montre, hélas! trop souvent employés par une race pour en détruire une autre (mais non pas pour la régénérer, s'il vous plaît). Ils rappellent mieux encore les procédés employés par les prêtres d'un culte, pour se débarrasser des sectateurs d'un culte rival, comme, par exemple, l'extirpation des Cathares du midi au xiiie siècle, le massacre des Vaudois du Piémont, l'expulsion en masse des maurisques d'Espagne, etc.

Quels mobiles sommes-nous conduits par là à leur supposer?

N'est-ce pas ce qu'on appelle le fanatisme, auquel tout humain est malheureusement sujet, c'est-à-dire, cette orgueilleuse et agressive conviction qu'on a pour soi la vérité et la justice, qu'on les possède dans toute leur plénitude, ce qui vous constitue en droit de gouverner les autres despotiquement, de les contraindre et de les punir, si l'on en a le pouvoir. Cet état d'esprit, si dangereux pour les voisins, fut avec éclat celui de Saint-Just, de Robespierre, de Billaud, et, obscurément, de combien d'autres! Et ce n'est assurément pas la même chose que le sentiment qui porte l'homme à défendre jusqu'à la mort l'intégrité de son pays, son indépendance, ses institutions, comme un bien et un honneur légués par les ancêtres, transmissibles aux descendants ; pas la même chose surtout que ce sentiment, par lequel quiconque est de votre pays, quand ce pays est menacé par l'étranger, vous devient cher, et vous tient à cœur comme un frère.

Si l'on songe, de plus, à la situation que ces gouvernants s'étaient faite, si on se les représente placés, comme ils l'étaient, sur une étroite plateforme instable, à une hauteur vertigineuse, au-dessus d'un monde d'ennemis, qui sapait les bases de leur fragile support, on comprendra qu'il faut bien leur supposer, outre leur fanatisme, l'instinct de la conservation ; et alors on pensera que l'idée de la régénération fut pour eux, en même temps qu'une dernière théorie, une suprême espérance. — Oh ! chimérique sans doute, autant que celle du naufragé, qui, tombé au milieu de l'océan, plutôt que de prendre son parti et de se laisser couler au fond, nage obstinément, automatiquement, ayant le rivage impossible devant ses yeux hallucinés.

*
* *

De l'un des deux termes du problème, la terreur, le danger, considérons d'abord celui-ci ; considérons-le du dehors, en nous en tenant aux apparences saillantes, incontestables ; et confrontons rapidement les *moments* divers, que le péril présente, avec les *moments* de la terreur.

Il y a un premier moment, où le danger de voir surgir tout à coup les Allemands aux portes de Paris, sembla assez proche, et assez probable, pour jeter dans l'âme des foules parisiennes un trouble profond, colère ou affaissement, selon la trempe de chacun. Ce moment fut de courte durée ; peut-être du 26 août, jour où l'on connut à Paris la reddition de Longwy, mais plus sûrement du 31 août, jour où les Prussiens arrivèrent sous Verdun, jusqu'au 21 septembre, tout au plus. — Il est même probable que les masses furent rassurées avant cette date, car le général en chef, Dumouriez, arrivé à Grandpré, derrière l'ennemi, était rassuré dès le 4 septembre ; et Servan, ministre de la guerre l'était également à cette date. Le 7, Dumouriez n'éprouvait d'autre sentiment qu'une joyeuse espérance de soldat : « Si le roi de Prusse marche sur Paris, écrivait-il à Kellerman, je m'attache à son flanc gauche, il vous aura sur les talons et les Parisiens devant lui ; il ne pourra donc nous échapper que par l'effet d'un miracle. » Il n'est pas probable, on en conviendra, que cette vaillante espérance soit restée un mystère entre les généraux et le ministre de la guerre. Celui-ci avait, au contraire, tout intérêt à la faire partager à ses collègues, Roland, Danton, à ses amis les Girondins, à ses adversaires de la Commune (1).

Du 21 septembre 92 à janvier 93, s'ouvre une période de succès plutôt inattendus et d'espoirs plutôt démesurés ; elle va jusqu'en janvier 93. Alors nos soldats sont arrêtés dans leur course victorieuse hors des frontières, ils piétinent sur place, dessinent même un mouvement de recul.

(1) D'ailleurs à partir du 10 septembre, au plus tard, il était visible pour le peuple même que les ennemis n'avançaient plus.

Après la défaite de Neerwinden et la fuite de Dumouriez (avril 93), commence la seconde période vraiment périlleuse. Cependant le danger ne dut pas alors paraître aussi proche, aussi urgent. Les esprits ne durent pas en être aussi impressionnés, aussi affolés ; parce que c'était la seconde conjoncture périlleuse et qu'on s'était parfaitement tiré de la première ; parce que les troupes constituées étaient plus nombreuses, mieux armées, mieux disciplinées, plus confiantes, ayant assez souvent affronté les ennemis avec succès. Et l'on voyait très bien que, retenus par les fâcheux souvenirs de leur retraite en 92, les ennemis avaient adopté le système prudent et traînant de prendre une à une nos places fortes, avant de risquer une marche sur Paris.

En revanche, ce qui se manifeste nettement et au premier coup d'œil, c'est que la crainte du péril intérieur grandit maintenant de jour en jour, et finalement domine de beaucoup, dans les esprits, la crainte du péril extérieur. Et ce n'est pas sans raison, car le soulèvement de la Vendée éclate sérieusement en avril ; puis en mai, juin, juillet, août, viennent les insurrections de Lyon, Marseille, Toulon.

Cependant, dans le mois d'août, le péril extérieur redevenait effrayant... non, disons plutôt qu'extrême redevenait notre impuissance à nous défendre contre ce péril, si les ennemis voulaient bien exploiter notre faiblesse ; mais nos ennemis, divisés entre eux plus que jamais, et capitalement préoccupés d'autres projets, oubliaient Paris, pour regarder du côté de la Pologne.

C'est pourquoi nos gouvernants, de leur côté, font

voir, par les mesures auxquelles ils s'attachent principalement, qu'ils sont moins préoccupés de la défense nationale que de leur domination à l'intérieur. Sans doute la Convention vote des décrets en vue de se procurer des armées de plus en plus nombreuses ; mais sans aucune idée fixe, aucun plan étudié. Un jour on adopte un mode de recrutement raisonnable et régulier, un autre jour, l'absurde levée en masse a la préférence. En tout cas, rien qui pare directement et immédiatement au péril extérieur.

C'est avec une tout autre constance et une plus ferme résolution qu'on met en usage les procédés purement révolutionnaires ou terroristes. La frontière du Nord est ouverte, l'ennemi irait droit à Paris s'il le voulait bien ; à cela nos gouvernants parent en envoyant Custine à l'échafaud, puis la reine, et en pressant le procès des Girondins, à quoi on ajoute des sévices contre les commerçants, les industriels, les capitalistes, et des mesures, telles que le maximum, pour s'attacher les esprits populaires. Sans doute, il serait exagéré de dire qu'ils oublient l'ennemi extérieur à leurs portes, mais si ce n'est pas là le dernier de leurs soucis, ce n'en est pas évidemment le premier.

Au reste, pour notre sujet, ce qu'il nous importe de savoir c'est moins la réalité du péril, que la croyance au péril, telle que nos gens l'ont eue, et le sentiment du péril, tel qu'ils l'ont éprouvé : un péril a beau être réel, il n'existe pas, si on ne le sent pas. Il y a des signes témoignant que nos gens l'ont assez peu senti. En voici un, entre autres : le 4 septembre 93, lorsque Dunkerque était encore assiégée et ne devait être délivrée que trois jours plus tard, que la victoire de Hondschoote (gagnée cinq jours plus tard) n'était pas encore gagnée, Robespierre, un esprit plutôt pessimiste, certainement, disait aux Jacobins : « Il est vrai que malgré la *perte de Toulon*, notre position est brillante; il ne *nous reste* plus qu'à écraser les *usuriers* et ceux qui affament le peuple ; à exterminer les intrigants, qui osent calomnier un patriote tel que Pache. » Calomnier Pache ! quel crime abominable ; rien que la mort des Girondins n'était capable d'expier ce forfait : on le leur fit bien voir. — Exterminer les calomniateurs de Pache, voilà ce qui était à faire d'urgence.

Même langage, ou à peu près, tenu par une grande députation populaire qui se rend à la Convention, le 5 septembre. « Il est temps, dit-elle, de mettre fin aux menées des ennemis de la liberté (péril intérieur, vous le voyez) et de sauver le pays par une mesure énergique. Il faut que la nation se lève en masse, et » — se jette sur l'ennemi ? — non, « qu'elle saisisse les suspects, et que, gardant leurs familles comme otages, elle les envoie à la frontière » — défenseurs enthousiastes, pensez-vous ! — « et les force à combattre l'étranger, en faisant marcher *derrière eux* les bandes formidables des sans-culottes » — formidables, sans doute, mais postérieurement.

Si telle était l'assurance de nos gens, avant la délivrance de Dunkerque et la victoire de Hondschoote, on imagine ce qu'elle dut être après. Des insuccès survinrent, il est vrai, mais ils furent promptement effacés, plus qu'effacés par la victoire de Wattignies, le 16 octobre 93. A cette nouvelle l'ivresse populaire fut telle que le gouvernement, pour y répondre dignement, se vit obligé d'envoyer au général Jourdan, l'ordre très simple « de purger le territoire français des ennemis qui le couvraient encore », et cela dans les vingt-quatre heures.

Le mois de décembre 93 fut encore plus favorable aux armes de la République. Hoche remporta les victoires de Werdt et du Glisberg, Landau fut délivré, les lignes du Wissembourg furent reprises. D'autre côté, Lyon était soumis, Toulon arraché aux Anglais, la Vendée vaincue, capable encore peut-être d'occuper, mais non plus d'inquiéter sérieusement. Le roi de Prusse découragé s'était depuis deux mois retiré de la coalition.

Aucun moment propre à exciter une vive alarme dans l'année 1794, au moins jusqu'au 9 thermidor. Au contraire la victoire de Fleurus (27 juin) nous livre à peu près la Belgique.

On ne peut contester que, de la date de Wattignies au 9 thermidor, le péril extérieur n'aille diminuant, — et que la Terreur n'aille sévissant toujours avec plus de fureur.

Marie-Antoinette, suppliciée le jour même de Wattignies, était en prison depuis le 10 août 92, c'est-à-dire depuis quatorze mois. Au moment de septembre 92, on n'avait pas jugé que, prisonnière, elle fût encore un danger pour la République, puisqu'on ne l'avait pas tuée ; et pas davantage au moment d'avril 93, quoique à ce moment-là Robespierre eût proposé son supplice.

L'historien donc doit se demander comment, par quel mobile, quelle pensée, les gouvernants furent portés à regarder son emprisonnement comme une sécurité insuffisante, et sa mort comme indispensable au salut de la France. — Peu de jours après, les vingt-un Girondins emprisonnés, et épargnés pendant quatre mois (quatre mois très périlleux), furent aussi tout à coup envoyés à l'échafaud.

Est-ce que vraiment il parut alors, — après Wattignies, je le rappelle, — que la prison ne suffisait pas à garantir la France du péril que l'existence de ces vingt et un prisonniers lui faisait courir ? ou bien obéit-on à d'autres mobiles que les appréhensions patriotiques ? N'oublions pas une circonstance, qui importe à la solution de notre problème : les soixante-quinze députés, qui avaient protesté contre le 2 juin et qui, depuis, avaient été tolérés dans l'assemblée, furent alors saisis sur leurs bancs, d'un coup de filet ; et l'on discuta s'il fallait les tuer, comme les vingt et un, ou seulement les emprisonner. La première alternative fut près d'être adoptée. La souveraine intervention de Robespierre les enleva à l'échafaud *provisoirement*, car Robespierre n'obtint leur emprisonnement qu'en faisant valoir une observation, incontestablement judicieuse : il dit « qu'on les aurait toujours sous la main, à la disposition de l'échafaud, si on jugeait un jour qu'ils fussent dangereux, même en prison. » Robespierre n'était pourtant pas un imprudent, trop peu sensible au péril national. On peut se demander pourquoi personne ne fit observer alors que la prison provisoire, accordée sous le bénéfice de l'écha- faud toujours possible, devait suffire également à l'égard des vingt et un.

En somme, quel est le moment où le péril extérieur s'est montré avec les apparences les plus propres à trou- bler les âmes? C'est bien, je crois, vers le 1ᵉʳ sep- tembre 1792. Et alors éclatent, en effet, les massacres de septembre. Il semble donc incontestable que ceux-ci, du moins, aient été l'effet du patriotisme exas- péré.

On l'admettrait, si un flot du peuple s'était spontané- ment porté sur les prisons et y avait anéanti, d'un coup rapide, les prévenus politiques qu'elles contenaient. Mais les massacres n'ont pas duré moins d'une semaine. Ils ont été accomplis par trois ou quatre cents personnes au plus, cela est avéré aujourd'hui ; et c'est là un fait d'une signification capitale.

On a étendu le massacre sur des prisonniers, tels que les jeunes gens de Bicêtre, qui n'avaient aucune couleur politique. Et c'est là un détail que l'on doit signaler comme énigmatique, comme posant une question psycho- logique. Et enfin, il semble que déjà, avant la prise de Longwy, c'est-à-dire avant ce violent coup de tocsin et la troublante apparition du péril national, le massacre ait été résolu... précisément par ceux-là même qui, plus tard, de l'hôtel de ville, le dirigèrent... sans y mettre eux-mêmes la main.

Questions connexes à éclaircir (je dis questions psy- chologiques). Pourquoi le parti montagnard fit-il (ce à quoi rien ne l'obligeait, ce semble)..son *credo* des massacres de septembre?

Si les massacres de Paris ont été une explosion. populaire de colère et de crainte à la fois, devant un péril inattendu, par quelle pensée, quel sentiment a-t-on voulu l'étendre officiellement, par une circulaire partie du ministère de la Justice? Pourquoi le massacre des prisonniers d'Orléans? etc.

*
* *

Forcé d'être très incomplet, je laisserai de côté les jugements et les exécutions de masses, de collectivités, celles qui frappèrent la Vendée, Lyon, Toulon, Bordeaux, etc... Je m'arrêterai un instant sur les tribunaux révolutionnaires.

Il y a là des faits, des formes, des circonstances qui me paraissent très significatifs et très instructifs.

Le premier tribunal *exceptionnel*, dit le tribunal du 10 août (établi en effet après la journée du 10), se présente comme un tribunal de ressentiment politique, puisqu'on le crée expressément pour venger les victimes populaires, qui ont péri à l'assaut des Tuileries.

Exceptionnel en cela que ses sentences doivent être sans appel, et que sa composition doit être toute populaire, il se distingue cependant des tribunaux que l'on verra plus tard par un trait important : il a charge de punir des faits accomplis ; les autres seront des tribunaux de punition sans doute, mais aussi de prévention ; ils auront charge de rechercher, de frapper des actes non accomplis, qui existent seulement, à ce que l'on suppose, dans l'intention ou le désir des accusés. Cela fait une assez grave différence. — Le tribunal du 10 août condamna vingt-deux personnes en sept mois, c'est bien peu par comparaison. Ces sept mois courent du 10 août 92 au 10 mars 93 ; donc ils contiennent ce premier moment de danger, qui troubla les esprits dans les premiers jours de septembre 92, et les troubla avec plus de raison, ce semble, qu'en aucun autre moment. La modération du tribunal du 10 août est, par là, un phénomène remarquable. Cela suscite une question : Quelle fut la cause de cette modération relative?

Au tribunal du 10 août succéda le tribunal, officiellement appelé tribunal révolutionnaire (quelque temps après sa naissance). Celui-ci jugea sans appel ; ses sentences furent exécutoires dans les 24 heures ; la peine, ordinaire on peut le dire, qu'il dut appliquer et qu'il appliqua, fut la mort. En 15 mois, qui vont du 10 mars 93 au 10 juin 94, il condamna 1269 personnes. L'accroissement des condamnations est sensible. Cependant ce chiffre de 1269 ne donne qu'une idée incomplète de la réalité.

Dans le cours presque entier de cette période, le tribunal révolutionnaire de Paris fut secondé dans son œuvre par un grand nombre de tribunaux révolutionnaires qui, plus ou moins instables, fonctionnèrent en province. Ls tribunaux ordinaires, en effet, à certaines conditions réglées par la loi, pouvaient devenir et devinrent assez souvent tribunaux révolutionnaires... Une centaine de représentants, investis d'un pouvoir illimité, instituèrent autant de juridictions criminelles qu'ils le jugèrent à propos.

Entre le 10 mars 93 et le 10 juin 94 se place le second moment dangereux, je le rappelle : des deux dangers, l'extérieur, l'intérieur, ce dernier fut le plus vivement senti ; et cela est assez compréhensible, avec la Vendée, Lyon, etc. Vers le milieu à peu près de cette période, en fin d'octobre, le danger s'atténue des deux côtés, et, en fin d'année, on peut dire qu'il n'a plus rien d'assez extraordinaire, d'assez urgent ou menaçant, pour troubler des courages ordinaires. La France est toujours en guerre sans doute, et la guerre montre toujours à la nation, qui la fait, quelque risque national en perspective ; mais combien de nations, en combien de circonstances, ont supporté cette épreuve, sans recourir à nos mesures terroristes ? Or, de janvier au 10 juin 94, la moyenne des condamnations ne faiblit pas : l'intensité de la Terreur reste la même. Il y a lieu déjà de se demander pourquoi.

Et voici que le tribunal révolutionnaire est investi de pouvoirs nouveaux, d'une latitude plus grande, par le décret du 22 prairial, et tout de suite [il condamne mille quatre cents personnes dans le court espace de six semaines du 10 juin au 27 juillet. Et s'il ne continue pas de ce train, nous savons comment il en fut empêché, assurément contre son gré. Je me demande s'il était possible que cela durât seulement un an encore ; et, d'autre part, je ne vois pas, en dehors d'un événement analogue à Thermidor, ce qui aurait pu barrer sa durée — et avec quelque effroi, je suppute, à mille quatre cents victimes par six à sept semaines, quel eût été le total de ses victimes au bout de l'année (1).

Il y a peut-être quelque chose de plus significatif, plus expressif encore que l'accroissement des condamnations, ce sont les modifications apportées au statut officiel du tribunal, ou à ses procédés effectifs. Dans l'été de 93, au plus fort du second péril, le tribunal observe encore les formalités essentielles, qui sont les garanties dues à tout accusé. Il écoute encore des témoignages ; il consent à entendre le défenseur qu'il accorde à l'accusé, exemple le procès de Charlotte Corday. En octobre 93, le tribunal brusque la terminaison du procès des Girondins ; en avril 94 il étrangle honteusement la défense des Dantonistes. Pour les accusés qui viennent plus tard, il n'y a plus de vrai jugement, rien qu'un simulacre. Pas de témoin à décharge. Pas de défenseur. Le prévenu, toujours mêlé à d'autres, qui n'ont pas le même sujet d'accusation, est interrogé à peine ; et la sentence tombe

(1) Nous avons déjà remarqué ailleurs où menait logiquement le dessein de la régénération nationale. Avec ce dessein-là, la fin de la guerre n'aurait pas amené la fin du régime terroriste. Et par suite les gouvernants auraient évidemment invoqué le mécontentement, la désaffection, la sourde révolte, incontestable d'ailleurs, des intérêts et des sentiments hostiles. En vérité, cela aurait pu durer dix ans et plus, si l'on écarte tout à fait la pensée d'un thermidor. Et voyez-vous la besogne totalisée du tribunal révolutionnaire au bout de dix ans ! — « L'un des maîtres du temps, Robespierre, Saint-Just ou tout autre, aurait peu à peu détendu le ressort. » — Alors quelques-uns de ses compétiteurs l'auraient tué, pour avoir opéré cette détente, ou les parents des victimes l'auraient tué, grâce aux moyens offerts par la détente. Toujours un thermidor.

brusquement sur sa bouche ouverte pour défendre sa vie. Enfin en prairial, juges et jurés reçoivent la permission légale de se dispenser de tout travail d'information, de toute enquête, de tout interrogatoire même, si bon leur semble. Ils improvisent leur conviction comme il leur plaît, aussi vite qu'il leur plaît; et d'autre part ils savent ce que leurs maîtres demandent : qu'on aille rondement en besogne, et qu'on en abatte beaucoup.

Voilà où l'on en est dans le mois de thermidor, où aucune menace, *plus sérieuse*, ne plane sur la République. Certainement cette aggravation des procédés judiciaires, en regard de la diminution des dangers, appelle, nécessite une explication.

Il faudra, pour cela, sonder psychologiquement, sinon toutes ces condamnations, au moins un assez grand nombre d'entre elles (variées en espèces), pour y relever ce qui est préservatif, précaution prise contre le danger extérieur ou intérieur, et noter, d'autre part, ce qui paraît répondre à d'autres causes, intérêts d'ambition, esprit de parti, etc.

Il sera nécessaire d'apporter à cette besogne une analyse attentive, un soupçon éveillé sur tous les documents (actes d'accusation, déposition des témoins, réponses des accusés).

Même, à première vue, que de questions! Voici la reine Marie-Antoinette emprisonnée dès le 11 ou 12 août 92, et on ne la guillotine qu'en octobre 93 (le 16 ou le 18) : elle a donc traversé le péril de septembre 92, et ce qui est plus significatif celui d'avril, de mai, de juin 93, sans qu'on ait jugé son exécution nécessaire, et son existence de prisonnière périlleuse jusqu'à mi-octobre. J'ai déjà relevé cet exemple, je le répète ici pour le joindre à d'autres.

Mme Roland, arrêtée vers le 2 juin, n'est exécutée qu'en décembre 94. En quoi Mme Roland menaçait-elle alors l'intégrité du territoire ou la domination du Comité de Salut public ?

Même question pour André Chénier, qu'on garde cinq mois en prison, pour Barnave qu'on y détient plus d'un an, pour Mme Elisabeth, suppliciée encore bien plus tard ! (J'en passe bien d'autres). Il y aura lieu de chercher pourquoi ces prévenus ont paru pendant des mois incapables de nuire, grâce à la prison, et pourquoi, à tels et tels moments, on les juge si dangereux qu'il ne faut rien moins que la mort, pour s'en garantir.

Autre question : dans quel but, par quelle cause, par quelle pensée ou disposition psychologique, a-t-on, comme cela est arrivé souvent, fait partager à la femme ou la sœur d'un prévenu (ou à d'autres parents) la destinée de ce prévenu ? On envoie Mme Desmoulins rejoindre son mari dans la mort, Mme Hébert de même. Un cas typique est celui des Rosanbo : M. de Rosanbo père est supplicié, avec une troupe de magistrats, pour avoir, en fin 89, protesté contre la mise en vacance des parlements ; à la suite on emprisonne M. de Malesherbes, son beau-père, Mme de Rosanbo, sa femme, Mme la comtesse de Chateaubriand sa fille (23 ans), et M. de Chateaubriand, son tout jeune gendre (24 ans), et on les guillotine. Je ne suis pas sûr que le danger explique cela, qu'il l'explique, à lui seul, complètement.

*
* *

Il arrive assez souvent que l'accusateur public, ou le président, transporte l'interrogatoire sur un bien singulier terrain, et pose au prévenu des questions surprenantes, dont la psychologie demanderait à être déterminée.

Le duc d'Orléans doit, sous peine de mort, répondre victorieusement à la question que voici : « N'est-ce pas par suite d'une combinaison d'une profonde astuce que que vous avez voté la mort du Tyran, tandis que Sillery, qui vous était attaché, a voté contre ? » Comment prouver l'absence d'une combinaison astucieuse ? Tirez-vous donc d'affaire avec des juges qui vous disent : « Vous n'avez pas voté la mort du Tyran, donc vous conspiriez » ou, au contraire : « Vous avez voté la mort du Tyran, mais dans un dessein perfide, donc vous conspiriez. »

Procès des Dantonistes ; on pose cette question à Lacroix : « Lacroix, n'avez-vous pas demandé l'arrestation des 22 (les députés Girondins) et de tous les appelants, et cela dans l'intention perfide de soulever tous les départements contre Paris, d'accord avec Hérault ? » A quoi le prévenu répond, naturellement, qu'il n'a pas eu cette intention perfide. Le président, les juges, les jurés, là-dessus, hochent la tête et passent à la condamnation. Quel moyen a Lacroix de prouver qu'il n'avait pas l'intention qu'on lui prête ? Supposez Robespierre, Marat, attaqués de la même question, eux, les principaux auteurs de l'arrestation des 22 ; ils étaient interloqués tout de suite et irrémédiablement.

A Brissot, on demande de prouver qu'il n'a pas fait déclarer la guerre parce qu'il savait que la France n'était pas prête à faire cette guerre, et dans l'intention de livrer la France à ses ennemis.

Cette manière de procéder semblerait bien indiquer une volonté déterminée de perdre le prévenu, quoi qu'il réponde, quoi qu'il prouve, quelque chose qu'il ait faite ou qu'il n'ait pas faite. Je n'affirmerai pas qu'on en ait usé de cette manière dans tous les procès. Je dis qu'il faudrait, pour la solution de l'hypothèse ici discutée, relever combien de fois il est arrivé que l'accusateur public ait tout simplement fait ce qu'il devait faire, c'est-à-dire démontré nettement aux jurés que l'existence du prévenu était un péril réel.

Vous dites : « le danger, toujours le danger, rien que le danger ». Je vois cependant qu'on recherche et qu'on punit très fréquemment d'anciens actes, des opinions anciennement exprimées à une date où le danger n'existait pas, et sans aucun effet perceptible sur les dangers actuels. Que Barnave, emprisonné depuis plus d'un an et, par suite, neutralisé, ait été constitutionnel en 1791, qu'est-ce que cela peut bien faire à la situation présente ? Même question pour les ex-membres du Parlement qui ont rédigé, en fin de 89, une protestation restée secrète, si bien qu'on ne la connaît que par hasard en 94 (ou 93).

Le juge punit des opinions qu'il a professées tout comme le prévenu, de la même manière, dans le même temps. A ce reproche du juge : « Vous avez loué ou servi le Tyran à telle époque », que de fois le prévenu pouvait répondre : « Hélas ! oui, comme vous-même. »

— Croyez-vous que l'accusateur, le témoin à charge, le juge, le juré, qui vont condamner, ne se souviennent pas, qu'en effet, ils ont été ceci ou cela, qu'ils ont dit ou fait telles choses, il y a de cela à peine trois ans ? Non, ils n'ont pas oublié ; c'est inadmissible. Ils se souviennent, au contraire. Peut-être — et c'est encore une question psychologique à résoudre — est-ce parce qu'ils se souviennent trop bien qu'ils sont inflexibles !

*
* *

A un autre point de vue encore, il serait utile de distinguer plusieurs Terreurs et de les sonder séparément. Au point de vue des personnes qu'elle frappe, il y a la Terreur sur les prêtres, sur les militaires, sur les représentants des anciennes institutions ou des anciens partis, sur les amis et coreligionnaires. Celle-ci, oh ! celle-ci, quelle énigme ! et combien, je crois, renseignante elle serait, si on la résolvait parfaitement. Car, c'est ici, surtout, que la thèse du danger apparaît avec un caractère simpliste.

Comment en sont-ils venus jusque-là de se guillotiner les uns les autres ? Le travail exigible, selon moi, — je me répète exprès, — serait de scruter toutes ou presque toutes les condamnations que les révolutionnaires se sont infligées entre eux : les procès mortels qu'ils se sont faits, procès des Girondins, des Hébertistes, des Dantonistes, des Constituants comme Barnave ou Duport du Tertre, du duc d'Orléans, des Robespierristes, etc., il faudrait

en lire les documents à la loupe — j'entends celle de
l'analyse psychologique. Pas une expression un peu sail-
lante dans l'acte d'accusation, dans les dépositions des
témoins, dans les réponses de l'accusé ; pas un détail relatif au nombre et à l'assemblage des co-accusés ; pas le
moindre incident dans les audiences ; pas une circonstance du milieu environnant, plus ou moins loin, ne
devrait passer sous les yeux de l'enquêteur attentif,
scrupuleux, pointilleux, sans qu'il en essayât l'interpré-
tation psychologique, sans qu'il fît effort pour découvrir,
auprès des motifs déclarés, ceux qu'on n'a pas dû dire,
qu'on n'a pas dits.

Que Robespierre, Saint-Just, Barrère, Billaud, Collot,
Amar, Vadier, Voulland, etc. se soient accordés à tuer
Danton, Desmoulins, Hérault, Lacroix, etc., à tuer ou
laisser tuer Hébert, Chaumette, Clootz, Gobel, Bazire,
Chabot, Fabre, etc., que peu après Robespierre, Saint-
Just, Couthon aient voulu tuer Billaud, Collot, et que
ceux-ci, avec le concours de Vadier, d'Amar, de Tal-
lien, etc., aient tué Robespierre, Saint-Just et Couthon,
gens du même parti, du même gouvernement, du même
comité, c'est un spectacle bien extraordinaire dans toute
l'histoire. On a peine à admettre d'abord que le sentiment,
l'appréhension d'un danger, ait produit cet effet étrange,
l'entre-égorgement de gens compagnons dans ce même
danger.

Il y a là, très vraisemblablement, de sourdes influences qu'on peut conjecturer, présumer, mais qui restent
à préciser, à vérifier, les unes venant sans doute de
quelques caractères individuels, les autres des passions

propres au temps, les autres des passions éternelles de l'homme.

On me dira : « Ce que vous proposez n'a-t-il donc pas été fait ou tenté déjà par quelque historien ? » J'ai répondu d'avance ; j'ai dit plus haut que le procédé logique de confronter un effet donné avec une cause prétendue était presque instinctif ; c'était dire implicitement qu'on avait dû l'appliquer, qu'on l'avait appliqué à la Révolution. Mais à mon avis, cela n'a pas été fait avec la rigueur et la persistance systématiques qui étaient nécessaires ; surtout il y a manqué la liberté d'esprit exigible. Des historiens, les uns, prévenus par l'idée que le danger avait causé tout ce qui nous étonne ou nous révolte dans la Révolution, ont cru la chose assez évidente, pour n'avoir pas tant besoin d'être démontrée ; d'autres sont partis dans leur histoire avec la prévention contraire, qu'ils ont également tenue pour suffisamment justifiée par les faits apparents. C'est que la partialité politique a agi chez tous ; le parti, auquel chacun s'était rangé dans les luttes de son temps, a déterminé la position que chacun a prise à l'égard des partis en lutte dans la Révolution. Les uns estimèrent, d'après leur parti actuel, qu'ils étaient solidaires des actes du parti révolutionnaire, à peu près correspondant. Les autres crurent de bonne guerre, et de légitime attaque, de rendre leurs adversaires du moment solidaires des actes excessifs de 93. Rien n'a été plus fatal à la recherche de la vérité, que cette solidarisation acceptée ou subie, de même que rien n'est plus déraisonnable au fond. — Nous avons eu l'histoire polémique en abondance ; nous avons eu l'histoire pittoresque ou dramatique à plaisir : nous n'avons pas encore tout à fait l'histoire psychologique.

Concluons avec plus de précision encore. Tant qu'on ne regarde que de loin (et l'on croit parfois alors regarder de haut) les évènements de la Révolution, la thèse du péril apparaît assez aisément comme vraie, ou tout au moins comme plausible. Dès qu'on y regarde d'un peu plus près, on commence à douter qu'elle suffise à tout expliquer. Lorsqu'on y pratiquera la rigoureuse observation analytique, qui est due, quelle conviction en résultera-t-il ? Je n'en sais rien, et par suite je me garderai d'en rien affirmer, sinon que ce ne sera pas tout à fait l'opinion reçue de tel côté, ni l'opinion reçue de tel autre. Ce sera cependant et forcément quelque chose qui se rapprochera plus, beaucoup plus peut-être, de l'une que de l'autre. Au reste l'intérêt n'est pas dans ce résultat, *qui n'importe qu'à l'esprit de parti :* il est dans la *connaissance en soi* de la vérité psychologique, qu'on atteindra sûrement quand on ne cherchera qu'elle.

LIVRE DEUXIÈME

Le régime moderne.

CHAPITRE PREMIER

L'ÉGALITÉ ET SES CONSÉQUENCES

Revenons à Taine. Cette entreprise de la régénération, il la considère comme une suite logique du *Contrat social* (toujours le *Contrat* !). « Car, dit-il, d'après le *Contrat social* la régénération est le véritable objet de tout gouvernement. » Je ne crois pas que cela ressorte si clairement du *Contrat*. En tout cas, voici un fait qui me paraît très significatif ; ni Robespierre, ni Saint-Just, ni Billaud, en 1789, 90, 91, 92 ne montrent dans leurs discours qu'ils se souviennent ou qu'ils se ressentent de cette idée de la régénération ; ils ne la montrent, ils ne la sortent, que plus tard et il faut voir dans quelles circonstances. Sous l'obsession de son système d'explication, Taine tente une analyse et une ordonnance des idées, telles qu'elles ont dû, selon lui, se suivre dans l'esprit des Jacobins. Ils se sont dit : « Il y a deux déformations capitales de l'homme naturel, dans ces hommes actuels que nous avons à réformer. C'est d'abord la religion dogmatique, affirmative et formaliste qu'ils professent, évidemment étrangère à l'homme naturel ; détruisons-la. » Et ils ont persécuté tous les cultes, y compris celui qui fut un moment le culte officiel de la République.

« Secondement c'est l'inégalité sociale ; rétablissons l'égalité primitive. » Et ils ont pris des mesures tendant à niveler toutes les fortunes. Pour réprimer l'égoïsme individuel, ils ont imposé des gênes et même infligé des peines à l'agriculteur, à l'industriel, au commerçant, au marchand.

Pour atteindre ce même égoïsme, jusque dans l'âme de leurs contemporains dégradés, pervertis, ils ont conçu, ils ont rêvé des plans d'éducation, etc.

Tout cela, en effet, rappelle assez bien le *discours sur l'inégalité*, et des endroits nombreux de l'*Émile*, du *Contrat social*. Seulement je remarque que ces ressouvenirs de Rousseau apparaissent chez eux assez tardivement, et lorsque déjà ils ont pour ennemis ceux que tout à l'heure, au nom de la régénération, ils vont dépouiller, incarcérer ou supplicier ; les aristocrates de race, les riches, les agriculteurs, les commerçants, les marchands. Il est fâcheux pour la thèse de Taine que l'intérêt le plus pressant, celui de défendre leur domination et leur vie même, s'accorde si bien chez ces réformateurs avec les idées spéculatives qu'on leur prête. L'intérêt pousse leur conduite dans le même chemin que les idées. Cela jette un grave soupçon sur l'influence exclusive que l'on attribue aux idées en cette affaire.

*
* *

Les fonctions publiques sont des carrières ouvertes à l'activité, à l'ambition des particuliers en sus des carrières offertes par le commerce, l'industrie, l'agriculture. Que les carrières dont l'Etat dispose soient ouvertes à tous ou à quelques-uns, cela fait une différence, d'abord pour les particuliers et ensuite pour l'Etat même. Il est trop clair que l'Etat disgracie le particulier, à qui il refuse ses carrières. Mais lui-même, Etat, il perd évidemment quelque chose à cet arrangement ; il se restreint, il se limite dans le choix de ses agents ; il risque ainsi de s'enlever l'emploi de capacités qui lui auraient été profitables. Au contraire l'Etat qui admet tous les hommes à concourir pour ses emplois, ne désavantageant, ne favorisant ainsi personne, fait d'abord de l'égalité, et l'égalité n'est pas chose tant à dédaigner, car c'est la justice ; n'est-il pas juste en effet, n'est-il pas *dû* que celui qui participe aux charges suivant ses ressources, participe aux avantages suivant ses mérites personnels ? — Et en même temps, l'Etat agit pratiquement, d'une manière avisée, en s'offrant le choix libre et sans limites des capacités. Et ajoutons encore ceci : il sollicite l'ambition de tous, aiguillonne, pousse à l'effort et à l'étude préparatoire.

Or, que faisait l'ancien régime ? Les hautes charges dans l'armée et dans l'Eglise, il les accordait exclusivement aux personnes de haute naissance, comme si c'était un mérite, une peine, un travail d'être né ainsi, ou une garantie de capacité. Il accordait à la fortune, à l'argent, les hautes charges de la magistrature, puisqu'il les vendait. Et ce qui rend ce procédé plus inexcusable, c'est que, pour les hauts administrateurs, pour les intendants qui lui importaient davantage parce qu'ils l'aidaient plus directement à se faire obéir, l'Etat, strictement dit, le roi, choisissait par d'autres principes; ici il écartait les gens nés, et recherchait les capables. Il n'ignorait donc pas tout à fait la bonne méthode de recrutement, puisqu'il s'en servait là où il était, si je puis dire, personnellement intéressé.

La Constituante, en déclarant tous les Français également *appelés* à obtenir les fonctions de l'Etat, énonça le principe juste et à la fois pratique ; cela ne peut pas faire doute pour un esprit non prévenu. Tous étaient appelés, conviés à se présenter, prévenus d'ailleurs qu'ils auraient à faire preuve de capacité, de mérite personnel, pour être accueillis. Restait à régler la question délicate : comment, par qui, les candidats seraient-ils appréciés et élus ? Quels seraient les juges du mérite ?

Sur ce point la Constituante commit une grave erreur. La masse, le populaire, c'est-à-dire l'incompétence, fut, de par la Constituante, investi du pouvoir de juger la capacité et d'élire à presque toutes les fonctions administratives, militaires, judiciaires, religieuses.

Le principe instauré par la Révolution demeura après elle, et on put juger de sa valeur, lorsque, au lieu d'être appliqué par la masse incompétente, il le fut par un individu possédant lui-même le mérite personnel, la compétence exigible d'un chef suprême ; il est généralement reconnu (et par Taine lui-même) que, sous Napoléon, toutes les branches de l'administration offrent une proportion exceptionnelle d'hommes capables.

*
* *

Il s'agit pour nous, non pas seulement de constater les opinions que Taine a professées sur cette question du recrutement des fonctionnaires, mais de démêler, sous ses opinions, les concepts psychologiques qui en furent les racines et les points d'appui.

A première vue, il n'apparaît pas que Taine ait une opinion hostile au *principe* de la Constituante ; il semble plutôt lui donner son assentiment. Mais l'énorme erreur commise par cette assemblée, au point de vue de l'application et de la pratique, ne pouvait pas échapper à ses yeux plutôt malveillants. Il l'a relevée, et il n'a pas eu tort. Son tort, à mon avis, a été de ne tenir aucun compte des circonstances, qui furent certainement atténuantes. Mais cela, chez Taine, est la faute de l'historien proprement dit. Cette considération des circonstances, qu'il a négligée, Taine la remplace par une thèse psychologique, laquelle appartient à notre sujet, et vaut qu'on s'y arrête.

« Dans les objets et dans les individus, le Français
« saisit aisément et vite un trait général, quelque carac-
« tère commun. Ici (c'est-à-dire dans la conception que
« le Français va se former du droit individuel) ce carac-
« tère est la qualité d'homme ; il (le Français) la dé-
« tache... il l'isole... sa notion sommaire ne répond
« qu'à un très mince extrait de l'homme total... il omet
« une quantité de caractères dûs à la géographie, l'his-
« toire, etc... Ils (les caractères) sont trop nombreux

« pour lui… il est impropre aux pensées complexes. Son
« idée partielle et superficielle lui semble adéquate et
« complète. A ses yeux la qualité d'homme prime et
« absorbe toutes les autres ; non seulement elle a une
« valeur, mais cette valeur est unique. Partant, tous les
« hommes se valent et la loi doit les traiter tous en
« égaux. » (*Le régime moderne*, t. Ier, page 301, édition
in-8).

Ainsi, selon Taine, si le Français décide que tous les
hommes se valent, c'est que dans les hommes il n'a vu
que la qualité abstraite d'homme, et s'il n'a vu que cela,
c'est que son esprit a une défectuosité qui est chez lui
naturelle, une défectuosité de race — et cette conception
abstraite a abouti à un fait politique : « tous les Fran-
« çais se valant en tant qu'hommes, tous les Français se-
« ront traités par la loi sur le pied d'une parfaite éga-
« lité ».

Le fait politique est indéniable ; mais qu'il soit sorti
du concept indiqué par Taine, je n'en vois aucune
preuve. Examinons, sans faire de supposition arbitraire,
les antécédents du fait en question. Sous l'ancien régime, il fallait, pour obtenir certains emplois publics,
appartenir d'abord à une certaine classe. La capacité de
remplir l'un de ces emplois n'était pas un titre, et ne
servait de rien à qui n'appartenait pas à cette classe.
En revanche, appartenir à la classe privilégiée suffisait
fort souvent, et l'on obtenait l'emploi sans en être capable… Vint la Constituante qui abolit la distinction
légale des classes. Il fut décidé qu'on demanderait à tous
les postulants d'une place la même capacité et qu'on ne

leur demanderait pas autre chose. Aucune exclusion préalable tirée de la naissance, de la famille ou de la fortune. Telle est, simplement considérée, l'égalité dont Taine fait assez de bruit. Peut-on inférer de là que les auteurs du nouveau régime avaient dans l'esprit cette idée : « Tous les hommes se valent ». Je ne le vois pas du tout. Et même je verrais plutôt le contraire, car d'abord ils supposent des capables et des incapables. « Venez, disent-ils aux candidats, venez faire la preuve « de votre capacité. Sachez que nous vous jugerons « d'après votre valeur personnelle et non d'après celle « que vos aïeux ont pu avoir. Tout ce qui n'est pas à « vous personnellement, intimement, ne compte pas ; « naissance, position sociale ou fortune héritée, rien de « tout cela ne nous touche ; tout cela nous est égal. »

A quoi aboutit cette égalité dénoncée par Taine? Elle aboutit à donner, théoriquement du moins, une nouvelle valeur, une valeur officielle, proclamée, contre-signée par la puissance publique, à la supériorité, à l'inégalité personnelle du mérite, laquelle est sans conteste la plus réelle et la plus solide des inégalités.

C'est possible, nous répond Taine, mais le gros des Français ne l'entend pas ainsi, parce que « l'amour-« propre, si vif chez les Français, intervient pour inter-« préter et appliquer la formule. Puisque tous les hommes « se valent, dit le Français commun, le Français général, « je vaux n'importe quel homme. Donc, si la loi confère « un droit à l'un quelconque de mes concitoyens, il faut « qu'elle me le confère aussi. Toute porte ouverte à « quelqu'un ne peut en droit rester fermée pour moi.

« Quand le législateur confère à quelqu'un le droit de
« voter, il faut qu'il me le confère aussi, même si je ne
« sais pas user de ce droit, même si je suis capable d'en
« user de façon nuisible pour la communauté ». Ici, je
me vois obligé d'arrêter Taine et de lui dire : Permettez,
vous avez négligé, je crois, de faire une distinction nécessaire ; vous avez mêlé ensemble la question des
emplois publics et la question de l'électorat. Souffrez
que nous traitions ces deux questions à part ; vous
verrez que nous en raisonnerons plus sûrement. Pour
l'instant, considérons uniquement la question des fonctions publiques.

Vous nous alléguez un Français commun ou général
qui s'imagine valoir autant que tout autre pour remplir
l'une quelconque des fonctions publiques. Qu'il y ait
quelque part un Français tellement aveuglé par son
amour propre, ce n'est pas du tout impossible — je
vous concède même que son existence est probable ;
mais ce Français, absurde jusqu'au ridicule, est-il exceptionnel, ou est-il commun, comme vous le prétendez ?
C'est là le point. — Au reste, je l'avoue, nous sommes
ici l'un et l'autre engagés dans une psychologie hypo-
thétique, où la démonstration expérimentale est impossible. Aussi, pour mon compte, à une affirmation résolue,
je n'opposerai qu'une croyance, défiante d'elle-même.
Je crois que quantité de paysans, d'ouvriers, sont capables de se dire *in petto :* « Ah, *si j'avais été instruit*
« *comme M. X. ou M. Z.,* il me semble que j'aurais *pu*
« aussi bien que lui remplir la place de maire, de dé-
« puté, etc. » D'aucuns disent, et je l'ai déjà concédé :

« je suis sûr », mais toujours sous la condition énoncée.

Ainsi donc je crois que ces mêmes hommes sont rarement assez sots, assez dénués de sens pour penser : *Tel que je suis, sans instruction, ni manières, ni usage et connaissance du monde*, je ferais aussi bien qu'un autre un ambassadeur, un ministre, un général, etc. — Voyez-vous, en effet, que cet homme dise : Tel que je suis, je ferais aussi bien que tout autre un ingénieur, un homme de loi, un artiste, un littérateur, un musicien?

Sous un régime où les places sont accordées à la naissance, à la position sociale, on voit souvent se manifester avec éclat l'incapacité des fonctionnaires. C'est alors que le Français, supposé par Taine, est particulièrement sollicité à se dire : « Je ne ferais pas plus mal que ceux-ci, je vaux autant qu'eux ». Mettez en regard le recrutement des administrations sous Napoléon, tel que Taine confesse qu'il a été : on voit maintenant partout des hommes manifestement propres aux places qu'ils occupent ; ne vous paraît-il pas que le Français, ce Français infatué de lui-même, sera moins encouragé, moins enclin à se croire l'égal, l'équivalent possible de ces hommes qui font si bien leur métier? Cette opinion ne m'est pas personnelle ; je connais au moins un homme éminent qui la partage : c'est Taine (page 328 de l'édition in-8°). « Jamais, dit-il, en parlant de l'administration « impériale, jamais les fonctions publiques n'ont été at- « tribuées, et exercées de façon à mieux *désarmer* les « passions mauvaises... *l'envie*, la rancune anti-sociale « et *les regrets de l'homme qui n'est point parvenu* ».

Finalement Taine, de ce Français qu'il allègue, n'a,

me semble-t-il, aperçu que l'un des aspects. Il ne l'a vu que dans un de ses rôles. Ce même Français, juge si complaisant de lui-même, se trouve, par la nature des choses, institué spectateur et juge à l'égard des Français qui l'environnent. Dans cette nouvelle situation, il apporte la même disposition d'esprit qu'au théâtre, devant les caractères divers de la pièce. Désintéressé maintenant, oublieux de ses prétentions qui ne sont pas ici en cause, il ne pense pas du tout que tous les auteurs de la vie administrative et politique se vaillent. Il les tient au contraire pour inégaux. On ne nous fera jamais croire que, dans la troupe des acteurs, aucun ne lui apparaît plus capable ou plus moral qu'un autre, ou le contraire. Donc le Français pense à la fois que les hommes sont égaux et qu'ils sont inégaux ; c'est selon le point de vue où il se place momentanément ; son opinion publique — j'entends celle qu'il applique aux autres, à tous les hommes, hors lui — n'est pas du tout si aveugle et si sotte que Taine veut bien le dire.

Taine, ai-je dit, n'a pas de répugnance déclarée contre le principe de la Constituante ; il n'en méconnaît pas les effets avantageux à l'État, pourvu que le principe soit appliqué par un gouvernement muni des lumières voulues. Après cela, il s'est exprimé avec une sympathie discrète, et comme un regret voilé, sur ces temps anté-révolutionnaires où les fonctions publiques les plus hautes, dans toutes les parties de l'État, étaient réservées à une caste étroite. « Pour la grande masse des fonctionnaire de ce temps là, dit-il, il en résultait que la perspective de l'avancement était limitée. Chaque carrière avait une borne assez proche que l'on apercevait dès l'entrée ; cela sollicitait assez modérément l'émulation de ceux-là mêmes qui avaient l'ambition d'arriver jusqu'au terme et au couronnement de leur profession. De plus, généralement, on avançait sur place, on achevait sa carrière en même lieu, parmi les mêmes contemporains. Par suite on cherchait un complément d'intérêt et de satisfaction dans les plaisirs de la sociabilité. On s'amusait et on s'employait à amuser les autres. Les Français d'alors étaient gais, aimables, un peu légers — parfois même trop légers, à ce qu'on disait d'eux chez les peuples voisins. »

Il y a du vrai dans cette psychologie. Souvent Taine a, comme cela, d'heureuses rencontres, que l'on constate avec plaisir, sans trop s'enquérir si elles lui appartiennent entièrement. Ce qui en tous cas est bien à lui, c'est la manière agréable dont il les expose, ou plus volontiers, dirai-je, dont il les conte. A ces endroits-là, il y a en Taine, comme une fugitive apparition de cette âme de l'ancienne France, avec laquelle il sympathisait.

A ce tableau de l'ambition modérée sous l'ancien régime, succède un autre tableau qui fait pendant, contraste, contre-partie systématique.

Taine maintenant explique avec beaucoup de verve, de brio, ce que l'ambition est devenue sous Napoléon. « Sollicitée par des perspectives presque illimitées d'avancement, et par des prix d'une énorme valeur, cette ambition, encore accrue et avivée d'autre côté par les stimulations de *l'honneur* (au sens mondain) que Napoléon a eu soin d'exciter simultanément, cette ambition, dis-je, a été portée au dernier degré d'intensité. » Quand l'ambition est portée à ce point aigu, Taine lui donne un autre nom, il l'appelle *l'égoïsme cru*. Et voici sa conclusion qui, je l'avoue, m'étonne un peu : « c'est cette ambition effrénée, cet égoïsme cru, qui a causé l'effondrement du gouvernement impérial. » Comment cela ? Il s'entendait pourtant bien, ce gouvernement, à choisir ses agents et à leur faire rendre toute la somme de labeur, d'intelligence et de conscience qu'ils contenaient : cela est inexplicable ! Si en Taine, l'historien nous regardait, nous aurions quelques observations critiques à lui présenter ici. Peut-être pourrait-on lui soutenir que, cherchant à toujours plus embrasser, à mesure que d'autre part les ressources, dont il disposait, devenaient moindres par l'usure, les dépenses, Napoléon a dû se trouver finalement incapable d'étreindre et de retenir ; bref, qu'à lui tout seul, grâce à ses plans, à ses projets démesurés, Napoléon a parfaitement suffi à se perdre.

Mais ce Napoléon historique ne nous regarde pas. En revanche, ce qui appartient bien à mon sujet, ce sont, chez Taine, des assertions où je crois voir une psychologie invraisemblable.

Par exemple, je ne comprends pas comment la ruine de l'empire a pu être causée, si peu que ce soit, par l'ambition de ces administrateurs civils, que Taine nous dépeint, si constamment tenus en crainte et en haleine, par cela qu'ils sentaient toujours, même à distance, peser sur eux le regard sévère et pénétrant du maître le plus exigeant qui fut jamais. — Et, à la fin de ce passage, voici venir une idée qui, je le confesse, me paraît

d'une fausseté criante : « C'est, assure-t-il, qu'en fin de
« compte, le sentiment du devoir, la volonté de *bien*
« *faire sans récompense* a trop manqué. »

Ce jugement implique une croyance que j'estime er-
ronée sur le jeu respectif dans les affaires humaines du
dévouement, et de l'égoïsme, quand celui-ci est bien di-
rigé, mis en accord avec l'intérêt public par des institutions sagement combinées. Jamais le dévouement n'a
joué dans l'histoire le rôle que Taine paraît lui attribuer.
Quant à la métaphore par laquelle Taine se résume :
« L'égoïsme cru a été un *ressort qui, toujours* tendu, a
« fini par détraquer les rouages de la machine impé-
« riale. » C'est, à mon avis, figure de rhétorique, métaphore prestigieuse, et rien de plus.

Le chapitre se ferme sur cette affirmation :

« Après lui (Napoléon), sous ses successeurs, le même
« mécanisme jouera de même pour se casser de même
« au bout d'une période plus ou moins longue. Jusqu'ici
« la plus longue de ces périodes a duré moins de vingt
« ans. »

Nos successifs gouvernements, Restauration, Louis-
Philippe, deuxième République, second Empire, troisième République, Taine prétend d'une phrase, d'un mot,
les expliquer : « La faute en est à l'égoïsme cru », c'est-
à-dire, si l'on se reporte à la définition de cet égoïsme,
à l'ambition effrénée des fonctionnaires civils et militaires. — Voilà l'histoire philosophique de nos révolutions du xix⁰ siècle bien simplifiée, au moyen d'une
psychologie qui présente elle-même un caractère étonnant de simplicité.

***

Taine, je l'ai déjà dit, a porté sur la question des fonctions publiques et sur celle de la capacité électorale un seul et même jugement, motivé par des considérants communs. Il a dit (à propos de la première loi électorale formulée par la Constituante) qu'accorder à tous ou presque tous le droit de voter était la conséquence la plus déraisonnable, la plus excessive, de notre concept égalitaire.

Il me semble qu'il y a sur ce point quelque chose à répondre. Assurément au temps de la Révolution et, hélas ! encore aujourd'hui, la majorité des hommes devrait être privée du droit de vote, si on n'accordait ce droit qu'aux gens capables de l'exercer avec intelligence, conscience et scrupuleuse délibération.

Mais, d'autre part, n'accordez ce droit qu'à une catégorie, à une classe, vous devez présumer *à priori*, d'après ce que vous savez de l'homme en général, que cette classe exploitera dans son intérêt le mandat à elle confié. Et l'expérience historique est là pour montrer que cette présomption fut dans le passé une réalité constante. Ne citons que deux exemples, ceux-là suffisent ; voyez ce qui s'est passé sous le régime du suffrage restreint pendant le règne de Louis-Philippe — et observez, comme l'aristocratie anglaise s'est servie, à son profit, jusqu'à nos jours, ou peu s'en faut, de sa prépondérance politique — Donnez à tous le droit de vote, vous serez mal gouvernés ; donnez-le exclusivement à quelques-uns, vous serez gouvernés au bénéfice de ceux-ci. Comment échapper à cette alternative ? Ce n'est pas mon affaire de l'indiquer, heureusement pour moi ; peut-être l'avenir verra-t-il se fonder un régime où aucun homme ne sera privé du droit de faire, par un représentant de son choix, entendre ses doléances et ses vœux ; mais où ce représentant — pur représentant, en effet — ne sera que le porte-voix de ses commettants, sans avoir en sus la mission et le pouvoir de réaliser leurs vœux, parce qu'à raison de son origine et de son émanation, sa compétence pratique ne paraîtra pas assez présumable. — Chercher, indiquer, comment et en quelles mesures ces vœux sont susceptibles de réalisation et les réaliser, en effet, serait alors la fonction de quelques individualités désignées par leur compétence ou la présomption de leur compétence. — Désignées par qui et comment ?

Encore une fois, je n'ai pas charge de le dire.

Je m'expliquerai toutefois sur un point, parce qu'en le traitant, je reviens à Taine qui est mon sujet. Les hautes et compétentes individualités, dont je viens de parler, seraient, je le crois, le cas échant, choisies, sans acception de classes, pour leur valeur propre et personnelle, démontrée déjà plus ou moins par leurs écrits ou par leurs actes, et ce serait là, en quelque manière, observer le principe de la Constituante. Taine, en même occasion, conseillerait de chercher la compétence dans une classe qui serait quelque chose d'à peu près équivalent à l'aristocratie anglaise.

Pour rester fidèle à mon sujet, qui est la psychologie

de Taine, je reprends le portrait du Français électeur dont j'ai cité le début. Cet électeur, typique selon Taine, continue de parler ainsi : « Quand le législateur met aux « mains de mes concitoyens un bulletin de vote, il est « tenu d'en mettre un pareil dans les miennes, même « s'ils savent s'en servir et si je ne sais pas m'en servir, « même si le suffrage restreint est utile à la commu- « nauté, et si le suffrage universel est nuisible à la com- « munauté. Tant pis si je ne suis souverain que de nom… « j'aime mieux la privation pour tous des libertés, « que des libertés et des avantages pour quelques- « uns… etc. »

Il me semble entendre dans ces propos, non ce que dit l'électeur, mais Taine, exprimant son propre jugement sur cet électeur. Je ne nie pas du reste qu'il n'existe de ces intraitables réclamants de l'égalité, capables de l'exiger à tout prix et à tous risques.

(Dans des circonstances malheureuses (en 1870), j'ai entendu des hommes très valides et très propres à la guerre, réclamer à grands cris, au nom de l'égalité, qu'on fît partir avec eux des invalides, bien et dûment constatés). Mais Taine, ici, comme ailleurs, se donne le tort de généraliser à l'excès.

La plupart du temps le Français égalitaire ne dit pas, comme Taine le lui fait dire : « tant pis si mon vote est nuisible », mais il dit : « Je suis capable de bien voter », alors qu'il ne l'est pas, et c'est ce que Taine lui reproche d'ailleurs ; ou encore, il fait valoir des arguments qui méritent quelque attention. Il dit : « Je ne suis pas ins- « truit, parce que je suis pauvre, ce n'est pas ma faute ;

« mais tout pauvre que je suis, je paye encore quelque
« chose, et ce peu est relativement pour moi ce qu'est,
« pour le riche, sa quote part d'impôt. En tous cas, je
« paye, aussi intégralement que l'homme instruit et
« riche, ma part dans l'impôt le plus lourd, celui du ser-
« vice militaire. En temps de guerre, je paye comme lui
« l'impôt du sang. Quand ce n'est plus moi qui paye ce-
« lui-ci, c'est mon frère ou mon fils. Si mon pays subit
« une défaite, une invasion, une déchéance, les contre-
« coups en viennent jusqu'à moi par bien des routes. Et
« vous voulez que, quand en haut lieu on prend telle déci-
« sion qui intéresse mon pauvre revenu, mes membres,
« ma vie ou celle des miens, moi seul je n'aie aucune ma-
« nière de faire entendre ce que je désire ou ce que je
« redoute? Je ne suis pas orateur, je ne suis pas écri-
« vain, quel moyen autre que le vote ai-je pour que l'on
« pense à moi, qu'on compte avec moi, avec mes
« craintes, mes désirs, mes légitimes aspirations à la
« paix, au bien-être, etc., etc. ? »

Je m'arrête, sachant très bien qu'à mon tour c'est plutôt moi qui parle que l'homme supposé. Cependant, tout
n'est pas de moi non plus dans ce monologue. Il est indubitable que l'homme du peuple, l'ouvrier, le paysan,
sentent, obscurément si vous voulez, mais assez puissamment, que, sans le vote, ils sont dans l'État comme
rien, comme une quantité négligeable, et par suite négligée toujours en quelque mesure ou quelque occasion.

Le problème que l'avenir aura à résoudre, c'est, je
crois, de concilier ces deux choses : le droit, à mon sens
incontestable, qu'a tout homme, même pauvre et igno-

rant, de faire entendre sa voix, son cri ou son soupir là
où il va de sa vie, de ses membres, de ses chétives ressources — et l'incontestable intérêt que nous avons tous,
riches ou pauvres, savants ou ignorants, à trouver une
institution, un régime qui tire de la foule et mette en
fonction les hommes les plus capables de gérer nos intérêts communs.

Taine, le regard uniquement sollicité par l'une des
données, ignorant ou insoucieux de l'autre, n'a pas véritablement aperçu le problème. Il s'est demandé où l'on
pourrait bien trouver cette aristocratie intellectuelle dont
nous avons besoin ; il ne s'est pas demandé comment on
pourrait assurer les intérêts du plus grand nombre contre
la gérance égoïste de ces habiles, qui ne seraient peut-
être alors que trop habiles.

CHAPITRE II

Lorsque la Constituante abolit les provinces et établit
les départements, Taine s'indigne ; cet acte, pour lui,
n'est rien moins qu'un crime. — Par leurs coutumes particulières, par leurs privilèges, par leurs corps représen-
tatifs, ces provinces étaient, dit-il, un obstacle ou au
moins un tempérament imposé à l'omnipotence de
l'Etat.

Par la même raison, Taine regrette l'ancienne église,
qui s'entretenait elle-même sur ses biens ; il regrette les
magistrats de l'ordre judiciaire et les magistrats municipaux qui, ayant payé leurs charges, détenaient leurs
fonctions à titre de propriétaires à peu près inamovibles.

Passant ensuite assez légèrement sur la période libérale de la Révolution, où les juges et les magistrats municipaux, élus par le peuple, sont indépendants et même
trop indépendants du pouvoir central, Taine se hâte d'arriver au régime napoléonien. Avec une sévérité inflexible
et juste, il expose l'accablante pression que Napoléon
exerça sur les administrations et les corps créés par la

Révolution, départements, municipalités, clergé concordataire, université, etc... Continuant son âpre réquisitoire, il montre que les gouvernements successifs jusqu'à 1870 sont restés fidèles au système impérial, parce qu'ils le trouvaient fort commode pour gouverner. — Ici, comme ailleurs, Taine a eu la louable ambition d'appuyer ses jugements sur des vérités générales de l'ordre psychologique : c'est cette psychologie qui nous importe, et dont l'examen est en ce moment notre vrai sujet.

*
* *

Ce que je rencontre d'abord dans ce chapitre, c'est non pas précisément une psychologie, mais plutôt une physique du gouvernement. « Le gouvernement est un instrument ; la loi de tout instrument, qu'il soit mécanique, physiologique, ou social, est la même ; l'instrument n'est bon, il ne remplit bien l'office qu'on attend de lui qu'à une condition, celle de s'en tenir précisément à cet office et de ne pas lui en adjoindre un autre. » — Taine, on le voit, ouvre sa théorie du gouvernement par une comparaison ; et pour avoir considéré son objet, non en lui-même, mais au travers d'une comparaison superposée ou juxtaposée, il suscite tout de suite une objection ; nous sommes obligé de faire observer qu'en fait le gouvernement est une association de différents individus, réunis dans des conditions prescrites, pour accomplir des besognes différentes en elles-mêmes, ayant chacune une fin spéciale, quoique tendant à un résultat commun. Pour parler net, un gouvernement est fait de plusieurs ministères et agit par plusieurs ministres ; et c'est, non le gouvernement, mais le ministre, *chaque ministre*, qui répond plutôt à l'idée d'un instrument. On s'explique ainsi qu'un gouvernement, si d'ailleurs chaque ministre est un bon instrument, puisse s'acquitter convenablement d'offices aussi différents que celui de constituer une marine d'un côté, et de constituer d'autre côté une armée de terre, ou celui d'organiser un système d'instruction publique.

Ce qui suit cette première comparaison décevante vaut beaucoup mieux : c'est la définition de l'intérêt social.

« Tant qu'un homme ne s'intéresse qu'à soi, à son succès personnel, il s'intéresse à bien peu de chose... Heureusement, pour mieux placer son effort, l'homme a d'autres objets plus vastes et plus solides : une famille, une commune, une église, une patrie, toutes les associations dont il est ou devient membre, toutes les entreprises collectives de science, d'éducation, de bienfaisance, d'utilité locale ou générale, la plupart pourvues d'un statut légal... et voilà un nouveau ressort d'action *antagoniste* au premier. Si fort que soit le premier, parfois le second prévaut... mais ces cas sont rares... contre l'instinct égoïste, l'*instinct social* est faible... C'est pourquoi il est dangereux de l'affaiblir ; il faut, au contraire, le secourir. » On ne peut qu'approuver cette conclusion. Toutefois, Taine exagère, je crois, sur un point. Il ne semble pas que l'égoisme soit toujours, et par nature, l'antagoniste de l'instinct social. Assez souvent, l'un est complémentaire de l'autre. Taine, parmi les objets qui suscitent et exercent l'instinct social, vient de nommer la commune, la municipalité : évidemment, un bon maire, de bons conseillers municipaux, en soignant les intérêts de leurs administrés, soignent leurs intérêts particuliers dans la mesure où ceux-ci se trouvent mêlés avec ceux-là.

Affaiblir l'instinct social ou le secourir cela dépend de l'État, de sa conduite à l'égard des sociétés, des collectivités organisées, « car quelle que soit la société provinciale ou municipale, enseignante ou hospitalière, religieuse ou laïque, c'est l'État qui en adopte ou en fabrique le statut... c'est à lui d'agréer ou d'imposer le bon statut. Il doit, avant tout, se préoccuper de laisser à l'instinct social tout son jeu... Deux erreurs sont capitales : Le statut doit compenser les avantages des sociétaires avec leurs obligations, sans quoi l'individu regimbe et se dérobe, c'est ainsi que l'Ancien régime a péri. D'autre part, si le statut retire aux intéressés la conduite de la société, l'intéressé passe à l'état de spectateur oisif et critique : le second défaut est le vice intérieur du régime moderne dont les effets sont de paralyser dans la nation la meilleure partie de l'âme... de pervertir l'esprit public. Si ce régime dure, la faculté humaine de l'esprit public cesse. Les individus ne savent plus s'associer entre eux... coopérer de leur propre mouvement en vue d'un but défini... sous des chefs librement choisis. Toutes les dispositions de cœur et d'esprit sans lesquelles aucune association n'est viable, se sont amorties en eux, faute d'exercice... La collaboration spontanée telle qu'elle se pratique chez les peuples sains est hors de leur portée... Ils ne choisissent plus leur constitution, ni leurs gouvernants... ils les subissent. Cette puissance centrale elle-même n'a sous la main qu'un corps social appauvri, inerte et flasque... un organisme simplifié à l'excès, d'espèce inférieure, un peuple qui n'est plus qu'une somme d'unités désagrégées et juxtaposées, bref une poussière ou une boue humaine ».

J'approuve tout à fait l'intention libérale, l'amour de l'indépendance et de l'initiative individuelle qui ont dicté cette page sensiblement indignée, et s'il y a quelque outrance, comme je le crois, cette outrance ne me déplait pas précisément, en raison de sa cause. Je ne puis pourtant m'empêcher de dire les réflexions que cet éloquent morceau me suggère.

Je regrette d'abord que des corps publics tels que sont nos départements, nos municipalités, tels que furent les administrations provinciales sous l'Ancien régime, aient été mêlés et confondus par Taine avec des associations privées, telles que les corporations d'avant 89, et telles que nos sociétés actuelles d'industrie, de commerce, d'assistance, produites par l'initiative des individus. Je regrette encore plus qu'il mêle ces corps administratifs, que je viens de nommer, départements, municipalités, avec des œuvres absolument individuelles, comme le travail du savant, comme l'héroïsme de l'explorateur. Je remarque d'ailleurs, qu'après avoir fait ce rapprochement indu, Taine consacre toute son attention et son intérêt sur les corps administratifs.

Cette confusion a eu, ce me semble, des conséquences fâcheuses. Dans les pages qui suivent, on rencontre une assimilation dont on est singulièrement frappé. Taine prétend qu'une commune, une municipalité ressemble essentiellement à une de ces maisons de Grenoble, dont chaque étage appartient à un propriétaire distinct. Et ce n'est pas là une comparaison lâchée en passant, mais une comparaison longuement développée, poursuivie jusque dans les détails. Finalement, des rapports qui s'établissent forcément entre les co-propriétaires de cette maison exceptionnelle, Taine prétend faire le modèle des rapports *raisonnables* qui doivent s'établir entre la commune et l'Etat ; et la comparaison qu'il a trouvée dans son *imagination*, il nous la donne comme une preuve de la justesse de ses idées sur cette matière.

Or, plus Taine développe son assimilation, plus la fausseté en apparaît avec évidence. On se dit que si le territoire de la commune est, au point de vue du Code civil, un ensemble de propriétés privées, elle est aussi autre chose, elle est une partie de la France ; on se dit que la fonction électorale de chacun des propriétaires de la commune et les fonctions déléguées par eux au maire et aux conseillers municipaux n'ont plus aucune ressemblance avec l'exercice d'un droit de propriété ; et qu'enfin les administrations municipales ressemblent plutôt, en petit, à l'administration civile de l'Etat. On se dit qu'une commune, un département sont des espèces de gouvernements subordonnés, et que cela apparaît par la similitude des pouvoirs et des besognes. La commune et le département par leurs conseils *s'imposent* comme le fait la nation. De même que l'Etat fait exécuter et paye des travaux d'utilité publique, la commune et le département ont leurs entreprises, leurs travaux publics. La commune a une police et des agents de la force publique à elle, elle a toujours des fonctionnaires à elle. D'elle à l'État, les pouvoirs et les besognes diffèrent évidemment en étendue, mais non en nature.

Nous avons entendu Taine qualifier de crimes, dans le *régime moderne*, la suppression des anciennes corporations telles que la magistrature et le clergé de 1789. Cependant voici quelles idées il exprime ailleurs. « Tous les corps sont égoïstes », un corps, comme un individu pense d'abord et surtout à lui. Si parfois, il sacrifie quelque chose de son privilège, c'est pour s'assurer l'alliance des autres corps. En ce cas, qui est celui de l'Angleterre, tous ces privilèges, qui transigent entre eux et se soutiennent les uns, les autres, composent par leurs réunions les libertés publiques.

Souvenez-vous « que l'égoïsme est l'antagoniste perpétuel de l'instinct social ». Apprenez maintenant « que tous les corps sont égoïstes ». Ce qui n'empêche pas « qu'ils sont les conservateurs et les organes de l'instinct social ». Et tâchez de concilier ces propositions, qui ont bien l'air de se contrecarrer. Mais il y a encore plus de difficulté à digérer ce qui suit. « Quand un de ces corps cède quelque chose de ses privilèges, c'est pour obtenir l'alliance de quelque autre corps (vue intéressée, sans conteste ; alliance défensive et probablement aussi offensive, en certains cas). N'empêche, affirme encore Taine,

que ces privilèges des différents corps composent par
leur réunion l'ensemble des libertés publiques ». Donc,
plus il y a de ces privilèges dans un pays, plus le pays
est libre ; la masse des privilèges fait une masse de libertés ! Après tout, je m'explique l'opinion de Taine :
Lorsqu'un corps, s'appuyant de ses privilèges, et de
l'alliance des autres corps, fait échec au gouvernement,
Taine applaudit, parce qu'il pense au fond que toute limitation imposée à l'action gouvernementale est un bien
en soi. Seulement, ainsi généralisée, je crois que son
opinion est contestable ; en tout cas, il oublie ou méconnaît qu'en la circonstance présente, le bien possible
s'accompagne d'un mal certain, qui est l'exercice d'un
privilège.

Il ne voit, lui, dans le privilège qu'une garantie accordée ou conquise contre l'action du gouvernement. C'est
effectivement l'un des côtés du privilège, mais le privilège en a une autre moins louable. Le privilège est ordinairement, sinon toujours, un bouclier ou une épée
mise aux mains du privilégié pour lui permettre de combattre avec avantage contre les non-privilégiés dans une
lutte économique, ou politique ou sociale. Taine va, lui-
même, nous le démontrer par des exemples.

« Même en 1789, le clergé, dans ses cahiers, tout *en
consentant à tolérer les non-catholiques,* trouve l'édit de
1788 trop libéral ; il veut qu'on les exclue des charges de
judicature, qu'on ne leur accorde jamais l'exercice public de leur culte ; et qu'on interdise les mariages mixtes ;
bien plus, il demande la censure préalable de tous les
ouvrages de librairie, un comité ecclésiastique pour les

dénoncer, et des peines infamantes contre les auteurs de livres irréligieux ; enfin, il réclame pour lui-même la *direction des écoles publiques*, et *la surveillance des écoles privées.* »

Il faut avouer que ces privilèges du clergé, considérés en soi, isolément, n'apparaissent pas précisément comme des libertés générales, mais peut-être que par leur réunion avec d'autres, ils prendront un meilleur air ; nous allons bien voir.

« Dans les villes, par le resserrement du droit électoral, par la vente réitérée des offices municipaux, la puissance publique avait livré toute l'autorité municipale à une étroite oligarchie de familles bourgeoises *privilégiées* aux dépens du contribuable, à demi détachées du gros public, mal vues du public et que la confiance de la communauté ne soutenait plus. »

Quand il fait de la philosophie politique, vous le voyez, Taine défend avec véhémence les corps privilégiés ; quand il fait de l'histoire, il accable ces mêmes corps de ses dépositions.

En son office d'historien, il n'épargne pas davantage les états provinciaux, ces états qui constituaient (il va nous le dire) tout l'essentiel des provinces, de ces provinces si regrettables et dont l'abolition ne fut rien de moins qu'un crime. « Par malheur, au xviiie siècle, le pli était pris. Depuis trois siècles, la puissance publique n'avait pas cessé de violenter les corps spontanés. Sur les *trois quarts* du territoire, dans tous les pays d'élection, elle avait supprimé les états provinciaux. De l'ancienne province, il ne restait qu'une *circonscription ad-*

ministrative et *un nom*. Quant à ceux des états provinciaux qu'on avait épargnés, et qui subsistaient encore, l'esprit de routine y dominait, « constitués qu'ils étaient en 1879 comme en 1449 ». Retenons, s'il vous plaît, son dernier mot sur les provinces : « Sans ses états provinciaux, la province n'est qu'un nom ». Ce jugement me semble parfaitement juste.

Les passages que je viens de citer, je les ai tous pris dans un même chapitre — dans un chapitre, cela est peut-être assez curieux, ou Taine prétend nous prouver que la Révolution, en détruisant l'ancien régime, nous a tout de suite « mis en perte » du côté de la liberté.

*
* *

D'abord, en remplaçant, comme autorité suprême, l'ancienne monarchie par un corps législatif, la Révolution selon lui n'a pas mieux limité l'arbitraire gouvernemental, pas accru l'indépendance de l'individu. Loin de là, cette indépendance était mieux garantie par l'existence des corps que la Révolution a supprimés, noblesse, clergé, parlements provinciaux, assemblées provinciales, corporations de métier, corps de ville. Et depuis la Révolution, le régime ne s'est pas amélioré. Les créations révolutionnaires, les institutions où nous vivons, tendent plutôt à amener une progression dans l'arbitraire de l'Etat et dans la dépendance de l'individu.

Ce n'est pas encore tout : déprimé et garotté par l'Etat, l'individu perd de plus en plus, avec l'habitude d'agir, la faculté d'initiative, il se désintéresse des intérêts publics ; il s'enfonce et se confine dans le soin égoïste de ses affaires particulières. De plus en plus chacun s'isole ainsi moralement, ce qui fait que de plus en plus la nation apparaît à l'esprit du philosophe comme une poussière d'hommes qu'un maître absolu (unique ou collectif, peu importe) agite ou immobilise, manie enfin comme il lui plaît.

Le tableau est sombre ; est-il fidèle ?

La supériorité de l'ancien régime sur le nôtre en fait de liberté individuelle et de garantie contre l'arbitraire, ne me paraît pas du tout évidente. Je vois dans l'ancienne France des protestations s'élever, des agitations se produire, venant tantôt d'un des derniers états provinciaux, tantôt d'un parlement, tantôt du clergé, tantôt d'un corps de ville. Je n'aperçois pour ainsi dire jamais une résistance qui ait été finalement victorieuse de la volonté du roi ou de ses ministres, quand ils ont voulu sérieusement maintenir l'une de leurs pratiques habituelles ou imposer quelque contrainte nouvelle. On convient généralement que sous Louis XIV tout a plié ; mais sous l'insoucieux Louis XV, tous les mouvements des divers parlements, et même leur branle concerté, ont-ils abouti à quelque résultat valable ? Et sous le débonnaire Louis XVI, lequel de ces corps, garants de la liberté individuelle, a empêché que Beaumarchais fut mis à la Bastille par le même roi, débonnaire, mais sujet à des accès d'humeur ? Lequel de ces corps a défendu avec succès la bourse des contribuables contre les dilapidations de l'aimable Calonne ?

L'ancienne monarchie était, a-t-on dit, un absolutisme tempéré par l'opinion ; il y a du vrai, mais il serait encore plus vrai de dire qu'elle était tempérée par le tempérament particulier du prince, tempérée quand le prince était tempérant, politiquement parlant.

On a beaucoup agité ce problème de la limitation du pouvoir gouvernemental. En fait le pouvoir n'a jamais été contenu que par la force matérielle des sujets agissante ou menaçante, menaçante au point de bien persuader le gouvernement d'une action prochaine et victorieuse. Cette *ultima ratio* des peuples manquait sous l'ancien régime. La noblesse avait perdu la force militaire qu'elle avait au Moyen Age. Les parlements et les États provinciaux disposaient tout au plus' de l'émeute locale, force aléatoire, capricieuse, insuffisante en tout cas, le milieu d'alors étant donné.

Pour prouver qu'en déférant le pouvoir suprême à un corps législatif, le régime moderne n'a pas limité mieux la contrainte de l'état sur les particuliers, Taine prend un exemple qui semble d'abord bien choisi et vraiment décisif : celui de l'impôt dont le chiffre a crû sans arrêt depuis 1789, et dont le quantum est jusqu'ici demeuré absolument à la merci du corps législatif. Donc sur ce point, ce corps tient la place et joue exactement le rôle d'un roi absolu. C'est à examiner de près.

L'impôt tout entier entrait dans la cassette particulière du roi, qui, à son gré, l'appliquait aux services publics ou à ses fantaisies privées : nul compte à rendre qu'à Dieu. Or, tout ce qui remplace aujourd'hui le roi, président, députés, sénateurs, ministres, est strictement rationné, ne prend à l'impôt qu'une part rigoureusement déterminée. Nul personnage, dans l'État, n'a pouvoir de détourner vers ses besoins ou ses plaisirs personnels ce qui doit alimenter les services publics. C'est là un progrès qui, ce me semble, n'est pas sans importance. Sans doute le parlement (chambre et sénat) possède *théoriquement* le pouvoir d'imposer le contribuable, comme il le juge bon. Il peut, ce semble, augmenter à sa fantaisie le chiffre de l'impôt — « c'est comme l'ancien roi ». — Attendez, s'il vous plait. Qui nommait le roi? la naissance. Qui nomme le député et le sénateur? Le contribuable. Le pouvoir d'imposer appartient à un homme qui doit son existence politique au contribuable. Si le premier peut trop charger le second, le second à son tour peut tuer politiquement le premier, qui le sait et ne se soucie pas d'être tué. Par conséquent, s'il arrive que le contribuable soit trop imposé, c'est bien de sa faute, c'est qu'il est encore trop insoucieux de ses intérêts, ou qu'il ne voit pas encore assez clair dans ses affaires. Ce n'est pas le vice du régime. Il n'y a rien dans le régime qui empêche l'électeur de brider ses maîtres, puisqu'ils sont d'abord ses créatures (1).

Le contribuable, qui tient les cordons de la bourse, tient encore autre chose, il tient le fusil. La force armée,

(1) Devant le pessimisme de Taine, je suis loin d'admirer béatement le régime moderne ; et je le prouverais abondamment, si c'était ici le lieu. Notre régime est fondé sur le droit de gouverner accordé aux majorités temporaires ; nous n'avons pas encore su y ajouter une pièce nécessaire, celle qui nous assurera contre les tendances naturelles à toute majorité de se perpétuer, par l'emploi abusif des moyens gouvernementaux. Mais cela viendra, sûrement.

Lacombe.   15

dont le gouvernant se sert à l'occasion pour contraindre, opprimer le gouverné, c'est lui-même gouverné qui la constitue. Tout le monde soldat et tout le monde électeur, cela fait avec l'ancien régime une différence qui n'est pas négligeable. Jamais l'individu n'a été aussi bien armé contre l'arbitraire de l'Etat. Au reste, sur ce point, Taine n'a pas évité de se contredire. Cette faculté de consentir l'impôt par ses représentants, Taine observant que Louis XVI l'accordait à la nation, aux états généraux de 1789, ajoute « c'était assez pour obtenir tout le reste : Qui tient les cordons de la bourse tient tout ». Or, voyez maintenant : cette faculté, qui était tout, quand Louis XVI la concédait, n'est presque plus rien, aujourd'hui que nous la possédons, non comme une concession bénévole du prince, mais comme un droit.

Deux libertés constituent évidemment toute la liberté : 1° la liberté de penser qui implique celle de parler, d'écrire ; 2° la liberté d'agir, de travailler.

Je voudrais bien savoir quel corps, sous l'ancien régime, garantissait à l'individu la liberté des opinions politiques, ou religieuses, ou philosophiques, ou scientifiques, ou même seulement historiques. Au contraire, on peut en nommer plusieurs qui surveillaient attentivement les opinions (clergé, parlements, ministres, intendants, censeurs, voire même académies) et qui les surveillaient sans bienveillance et pas précisément pour encourager les opinions nouvelles ou individuelles.

Je prends au hasard deux journaux actuels. L'un contient un article où les ministres et la majorité de la Chambre sont dégradés et salis à plaisir; l'autre est pire, car celui-ci, en termes clairs et posés, sans ironie ni amertume apparente, nous persuade que les ministres et la Chambre viennent de commettre une injustice, qui est en même temps une maladresse politique. Ces inspirations de la liberté individuelle n'auraient pas été publiées sous l'ancien régime, ou l'auraient été clandestinement, c'est-à-dire avec très peu d'effet. Leurs auteurs, découverts, eussent été punis, non par des juges personnellement désintéressés, mais par les personnes offensées ou au gré de ces personnes.

Venons à la liberté d'agir, de travailler. Elle était fort réglementée, ce qui a toujours voulu dire limitée. Les trois quarts et demi du temps, celui qui voulait exercer un métier manuel ou une profession industrielle (voire même une profession libérale, comme la médecine, la chirurgie) était d'abord tenu de se faire admettre dans une corporation, dont l'entrée était loin d'être libre, dont la porte était souvent fort étroite. Pour se faire ouvrir cette porte, il fallait payer en argent ou en longs services. Une fois admis pouvait-on au moins y faire librement l'ouvrage dont la confection était le privilège de cette corporation ? pas du tout, ce n'était que conformément aux statuts qu'il était permis de tisser le drap, ou de le teindre, ou d'y découper un habit — ou de faire une paire de bottes — ou de médicamenter un malade, etc...

Chacun des membres de la corporation était surveillé par les autres et par les inspecteurs jurés ; chaque corporation était jalousement surveillée par quelque autre corporation, et à l'occasion accusée d'excéder son privilège, plaidée, ruinée en procès.

Le commerce pas plus libre que l'industrie, barrières aux confins de la nation, barrières au dedans. Il n'était pas jusqu'à la pauvre agriculture, que les intendants ne s'avisassent de surveiller, de régler ; parfois même les parlements s'en mêlaient.

J'ai beau chercher, je ne vois d'aucun côté cette liberté supérieure dont nous parle Taine. Je ne vois pas ces corps « dévoués à la défense des libertés. »

Je vois que dans la mesure de ses forces, avec un succès d'ailleurs variable et aléatoire, chacun défendait ce que Taine appelle si curieusement des libertés. Le courtisan défendait ses pensions, les ducs et pairs leurs droits de préséance, la noblesse et le clergé leur droit à ne pas payer certains impôts, les villes et les provinces leur droit à se redimer de la gabelle, les officiers nobles leur droit à obtenir seuls les hauts grades de l'armée, les cordonniers à faire exclusivement les souliers neufs, les apothicaires à se réserver la vente de certains médicaments que leur disputaient les épiciers, etc... Je vois que chacun s'efforçait à maintenir à son profit quelque forme d'inégalité qui lui avait été concédée souvent à prix d'argent. Mais de liberté, proprement dite, je n'en aperçois point.

*
* *

Et comme nous avons moins de liberté, nous avons, à ce qu'il paraît, moins d'initiative, moins d'envie d'agir, moins d'énergie dans l'activité : c'est là pour Taine un fait certain dont il s'attriste profondément.

La préface du premier tome de son ouvrage : *Le régime moderne*, contient les lignes suivantes :

« Les grandes institutions du consulat et de l'empire n'ont pas encore atteint leur terme historique, consolidation ou dissolution : depuis 1800, à travers huit changements du régime politique, tout l'ordre social a subsisté, presque intact. Quel en sera le succès où l'insuccès définitif? Nos enfants le sauront. » Ils pourront juger. « Aujourd'hui, quatre actes seulement ont été joués. Nous ne pouvons que pressentir le cinquième ». Et voici quant à lui ce qu'il pressent. « A force de vivre dans cette forme sociale, nous la trouvons naturelle ; nous avons peine à en concevoir une plus saine. Depuis trois générations elle nous comprime et nous avons contracté les infirmités qu'elle comporte, arrêts de développement, troubles de la sensibilité, instabilité de l'équilibre interne, travers de l'intelligence et de la volonté, idées fixes et idées fausses ». Il me semble que ceci n'est pas pressentir, mais déjà juger et condamner.

Ce que Taine appelle ici dans un langage métaphorique l'arrêt de développement, il le nomme ailleurs, en langage plus simple mais plus clair, le manque d'initiative.

La cause de notre manque d'initiative, il l'a exposée, il l'a dénoncée le long de trois volumes où les pages éloquentes ne manquent pas ; éloquence tantôt grave et triste, tantôt émue d'une irritation sourde et contenue. Instructifs certes ces trois volumes ; ils témoignent à coup sûr d'une information consciencieuse. Peut-être peut-on trouver que cette information, Taine l'a trop rapidement conduite ; il a évidemment tenté de remplacer le temps, qu'il refusait à son œuvre, par la fièvre du travail et par l'énergie de l'effort.

Il raconte d'abord la pression accablante exercée par Napoléon Ier sur toutes les administrations locales, créées par la Révolution. Il montre ensuite l'exemple de Napoléon suivi par les gouvernements postérieurs, et l'intervention de l'Etat conservée, pour sa commodité, jusque dans l'époque contemporaine ; bref il expose et en grands détails notre régime de centralisation excessive. « Depuis la constitution de l'an VIII, dit-il, un agent national, un préfet, installé et maintenu au centre de chaque département, régit par lui-même ou par ses bureaux, corrige et annule à son gré l'activité administrative des conseils généraux, des conseils municipaux et des maires, tient les uns et les autres dans une subordination étroite et décourageante. »

Ce tableau est assurément exact quand il s'agit du gouvernement de Napoléon Ier, exact encore pour la restauration et pour le second empire, un peu forcé pour le règne de Louis-Philippe. Après 1870, Taine est bien obligé de reconnaître que les attributions des conseils généraux et des corps municipaux ont été sérieusement accrues ; mais alors l'institution du suffrage universel lui offre une échappatoire.

« Le suffrage universel, dit-il, est une si malheureuse innovation, que la dépendance des corps locaux devient maintenant un bien relativement. » Ce n'est pas là répondre droit à l'objection ; c'est répondre à côté. Admettons le caractère nuisible du suffrage universel. La compression que l'Etat exerçait s'est tout de même relâchée. On a dû agir davantage en vertu de ce fait. Il se peut qu'on ait agi avec plus de maladresse, à cause du suffrage universel, qu'on ne l'aurait fait sans cela ; il n'en reste pas moins qu'on a dû agir plus ; et la thèse de Taine en reçoit une atteinte.

*
* *

Je ne méconnais pas pour cela ce que ces volumes de *l'ancien régime* contiennent de psychologie vraie, et de philosophie historique incontestable. Assurément le passage de Napoléon dans notre histoire fut calamiteux, autant pour nos affaires de l'intérieur que pour nos relations avec les nations voisines. Le Régime administratif que nous lui devons, a durement posé sur nos habitudes et sur notre âme même. Il faut sympathiser avec le profond sentiment de libéralisme, dont Taine fut animé, et qui lui a inspiré un grand nombre de fortes pages, absolument belles.

En dépit de quelques exagérations, sans importance en la cause, son réquisitoire formidable contre Napoléon reste un incomparable morceau d'histoire.

Ainsi Taine a jugé, avec une presque complète justice, le régime de centralisation que nous avons subi pendant près d'un siècle. Et cependant il en a tiré des conséquences fausses, à mon avis. Le jugement rigoureux qu'il prononce contre notre société, le pronostic désespéré qu'il porte sur notre avenir me paraissent inacceptables. C'est qu'autour de notre régime administratif, assez mauvais, des choses favorables naissaient et s'élevaient, qui ont échappé au regard de Taine. Je dirai tout à l'heure lesquelles.

*
* *

Avoir de l'initiative, c'est tenter de faire quelque chose qui n'a pas encore été fait, c'est inventer, c'est innover. L'invention est un témoignage d'initiative, même alors qu'elle n'est pas réalisable, si d'ailleurs on a fait effort pour la réaliser.

Quelqu'un qui ferait le dénombrement des inventions effectives du xixe siècle et en regard le dénombrement des inventions du xviie siècle ou du xviiie trouverait fort étonnante l'assertion de Taine. Que serait-ce s'il avait l'infinie patience de parcourir la collection imprimée des brevets d'invention, et s'il s'informait ensuite des efforts conscients, du travail dépensé, des risques pécuniaires acceptés et courus. Il admirerait à quel point une opinion préventive peut aveugler un grand esprit.

Plus jeune, Taine avait été, au reste, plus clairvoyant, comme le prouvent les lignes suivantes (Article sur Troplong et Montalembert, 1857).

« C'est l'invention qui mesure la force morale. Pour chercher, pour découvrir, pour appliquer, il faut souhaiter avec passion. La décadence de l'invention attestait à Rome l'affaiblissement des courages, la fécondité de l'invention annonce chez nous l'énergie du ressort intérieur. Ce siècle qui n'est pas achevé a produit plus que ses aînés. »

Pour faire simplement du commerce, ou de l'industrie dans la France moderne, livrée à la concurrence illimitée, il faut bien plus d'énergie — les naufrages y étant chaque jour d'une fréquence effrayante — qu'il n'en fallait du temps où l'industriel, le commerçant s'asseyait à un comptoir déjà ancien, souvent héréditaire, environné de concurrents dont le nombre était préfixé et incressible, et attendait là, avec une sécurité presque complète, le client, qui de son côté avait des habitudes héréditaires.

D'autres témoignages de notre esprit d'initiative existent, qui sont en même temps témoignages de notre esprit de solidarité. Or, Taine prétend que le sentiment de la solidarité entre concitoyens a baissé chez nous, comme l'initiative. Tel de ses disciples va jusqu'à nous voir tous noyés dans la boue de l'individualisme, de l'égoïsme absolu, dans l'indifférence complète du voisin et des intérêts collectifs. Il me semble voir précisément le contraire, il me semble voir que l'individu est devenu, pour ainsi dire, moins individuel. Les questions politiques, les questions sociales, les questions locales elles-mêmes passionnent un assez grand nombre de nos contemporains ; l'esprit de parti, dont je n'aime pas d'ailleurs les excès, mais qui enfin n'est pas du tout l'indifférence, me paraît suffisamment répandu. Combien était différent le bourgeois provincial du XVIIe siècle et XVIIIe siècle, uniquement délassé ou diverti de ses affaires privées par les commérages de sa petite ville, par les petites rivalités de clocher, par les galanteries, le jeu et les farces, par ce train de vie terre à terre que les lettres et les mémoires du temps nous décrivent. Quels esprits ! et quels horizons ! Pas d ejournaux, pas de clubs, point ou peu de cercles. Lié dès sa naissance aux idées, aux affections, aux rancunes traditionnelles dans sa famille, ou dans sa cité, l'homme d'alors vivait et mourait dans ce même étroit réseau (1). Aujourd'hui l'homme de cette classe s'attache, volontairement et par choix, à quelque opinion, à quelque parti, qui possède des adhérents sur toute la surface du territoire, et si c'est là encore une prison, toujours est-il que cette prison est beaucoup plus large. Les gens, qui professent une même opinion, s'unissent aujourd'hui sur une aire beaucoup plus étendue, et vibrent à l'unisson plus vivement. Il en est de même de ceux qu'unit quelque intérêt ; j'en parlerai tout à l'heure.

Ceux des jugements de Taine qui sont erronés (à mon avis) procèdent tous d'un même aveuglement, du moins il me le semble ainsi : médecin politique, en

---

(1) Au reste, qu'on lise *L'Ancien régime*, Taine lui-même y a très bien dépeint la vie locale de l'ancienne bourgeoisie. Il a signalé également l'apathie vraiment étonnante des populations provinciales au moment même où le sort de la révolution se décide à Paris.

quête d'un remède pour nos maux, qui ne sont pas tout à fait de son imagination, qui sont bien réels en partie, Taine n'a cessé de chercher ce remède en arrière, ou à côté; dans notre ancien régime, ou bien dans le régime actuel de l'Angleterre; et c'est là, mais surtout dans notre ancien régime, qu'il a cru le trouver. Des prédécesseurs au reste lui avaient déjà indiqué du doigt celui qu'il a finalement adopté, à savoir l'existence au milieu de l'Etat de certains grands corps, plus au moins autonomes, clergé, aristocratie, parlements provinciaux. Ce choix une fois fait, il n'est pas venu une minute à l'esprit de Taine qu'il y avait peut-être, dans les nouveautés de notre temps, des ressources aptes à guérir la maladie qu'il déplorait.

*
* *

Historien littéraire, il avait déjà manqué à faire un compte suffisant des individualités : historien politique, il n'a pas aperçu quelle valeur nouvelle pouvait donner à l'individu la liberté du livre, du journal, de la conférence créée par le régime moderne; et que tel, avec un peu de talent et d'énergie, peut aujourd'hui se rendre redoutable au gouvernement..., qui jadis aurait pourri à la Bastille ou séché de dépit et de colère dans une impuissante obscurité. Et, comme d'autre part, il n'a pas reconnu ce fait que la lecture des journaux, la fréquentation des conférences, des réunions publiques, l'usage du droit de vote, de l'éligibilité, (bien que ce soit là une activité individuelle, rare et discontinue) suscitent cependant et entretiennent l'instinct social, on peut dire qu'il n'a vraiment *pas eu le sens des moyens modernes.*

Et cela devient bien plus saisissant quand on considère ce que l'individu peut accomplir de grand dans toutes les directions, en s'unissant à d'autres, en formant des associations pleinement libres, exemptes de toute attache, de tout caractère officiel, ouvertes à tous, ne demandant à leurs membres ni naissance, ni rang, ni condition sociale particulière et privilégiée.

Ce mouvement d'associations, de syndicats, de confédérations qui emporte aujourd'hui notre pays vers un état social encore indéfinissable, Taine l'a vu naître ; et, croyons en ses amis, il a eu un moment de surprise. A en juger par son œuvre, la surprise n'a pas duré ; en tout cas, elle n'a pas opéré. En se remettant à sa table de travail, Taine a, sans hésitation ni doute, repris son œuvre dans le même esprit qu'auparavant, avec la même fin préconçue devant les yeux.

Depuis lors, le mouvement jugé par lui sans importance, s'est tellement élargi, tellement amplifié qu'il fait naître d'un côté des espérances audacieuses et, d'autre part, d'assez vives appréhensions. Ces forces libres commencent même à exercer visiblement un pouvoir d'intimidation sur les forces officielles. Il ne faut pas songer à faire ici le dénombrement des sociétés qui depuis un siècle sont nées, ou tout au moins ont pris un développement imprévu ; c'est là un immense sujet (qui, d'ailleurs, dépasse mes forces).

J'essayerai seulement de faire sentir combien cette armée des sociétés nouvelles est imposante par le nombre, et combien, psychologiquement parlant, elle est significative par sa variété ; peu de mots, je crois, y suffiront.

Certes, les sociétés de secours mutuel sont d'un genre déjà ancien ; mais ce qui est bien nouveau, ce qui peut-être n'avait pas été présumé, c'est leur immense multiplication. Actuellement la mutualité compte, assure-t-on, au moins trois millions d'adhérents. — Les syndicats agricoles, nés récemment, s'élèvent déjà à plusieurs milliers. — D'après un discours officiel qui est d'hier, la confédération du travail réunit sous son hégémonie 300 syndicats d'industriels ou d'ouvriers urbains. Beaucoup de ces syndicats sans doute n'ont encore que peu d'adhérents, mais on peut en citer un (le syndicat du livre) qui en possède à lui seul 30.000. — L'ancienne France assurément a connu les établissements de crédit, les entreprises de commerce ou d'industrie créées et entretenues par l'association des capitaux ; c'est encore là un genre assez ancien ; mais combien plus nombreux aujourd'hui que jadis ces corps formés par la collaboration des intérêts : compagnies de chemin de fer, de navigation, grandes banques, grandes usines, compagnies d'assurance sur la vie, contre l'incendie, contre la grêle, contre les accidents ; sociétés coopératives de consommation, sociétés coopératives de production, etc... et surtout combien plus grand le nombre des gens qui, actionnaires ou obligataires, sont englobés dans ce vaste système.

Que le lecteur fasse ce que j'ai fait : qu'il prenne garde seulement pendant quelques jours, aux sociétés que son journal mentionnera, incidemment, par occasion; il apprendra l'existence de sociétés qu'il ne soupçonnait pas ; il sera sûrement étonné, et par ce qu'il aura appris, il concevra à peu près l'étendue de ce qu'il aurait à apprendre, s'il voulait tout savoir.

Passons sur les sociétés dont la fin est l'intérêt écomique, l'exploitation de quelque industrie, la gérance de quelque bien, ou encore la défense de quelque intérêt professionnel, comme les syndicats d'agents des postes, et les amicales d'instituteurs. Arrivons à des créations qui témoignent d'un esprit de solidarité plus recherché et qui sont en outre profondément marquées d'un caractère nouveau (qu'elles aient d'ailleurs la forme d'association permanente ou celle de congrès, de réunions temporaires, à époques fixes.) Celles-ci ont en vue des intérêts moraux, intellectuels, esthétiques, patriotiques. Voici par exemple les associations pour propager la tempérance, — pour défendre la faiblesse humaine contre l'alcoolisme, — pour répandre hors de France, la langue française — pour secourir les blessés de la guerre — pour secourir les blessés du travail et de la circulation. — Voici les femmes françaises — et les femmes de France. — Les associations pour la protection de l'enfance — pour l'assistance des jeunes détenus — pour conserver les monuments historiques — pour la défense de l'arbre. — Pour honorer certaines tombes — pour acheter des tableaux et les donner au Louvre. — Voici le Touring-Club, les sociétés de gymnastique, etc. Quant aux sociétés savantes, je n'en parle pas ; cela me mènerait trop loin. Mais, ne vous semble-t-il, comme moi, que l'existence de ces sociétés si diverses révèle une précieuse gradation ? Ne vous semble-t-il pas que les hommes d'aujourd'hui ont de la solidarité qui les lie une idée plus nette et aussi un sentiment plus délicat, puisque, partis d'institution où l'intérêt matériel est visible, comme les sociétés de secours mutuel, ils en sont venus à former des sociétés où il n'y va que d'une communauté de plaisir ou de goût, telle que la société pour la préservation des paysages, ou pour l'achat de tableaux ?

De cette très superficielle revue, rapprochons les affirmations de Taine sur la décadence indéfinie et inévitable de l'esprit d'association et de solidarité, et nous en tirerons pour nous-mêmes une salutaire crainte des théories préconçues.

Il y a eu de tout temps des prophètes ou des pronostiqueurs politiques, qui naturellement ont prophétisé ou pronostiqué à faux. Je n'en connais pas qui aient été plus malheureux dans leurs prophéties et plus cruellement démentis par les événements, que Taine ne l'est par ce mouvement si considérable, si apparent, si démonstratif des associations modernes.

CHAPITRE III

C'est en exposant l'état des esprits à la fin du xviiie siècle que Taine a, pour la première fois, exprimé nettement ce qu'il pensait du rôle de la science dans les
affaires humaines (V. *Ancien régime*, livre III).

A cette fin de siècle, les sciences se trouvaient avoir
ait des progrès éclatants, grâce à Newton, Euler,
d'Alembert, Lagrange, Laplace, grâce à Lavoisier,
Franklin, Coulomb, Priestley, Buffon, Werner, Lamarck,
et d'autres encore.

Les découvertes accomplies par ces grands esprits,
dans les directions les plus diverses, mathématiques,
cosmographie, physique, chimie, histoire naturelle, avaient
abouti à un résultat prestigieux. De leur ensemble, de
leur union, un concept immense avait surgi ; l'imposante
image d'un univers, régi par des lois indéfectibles, et
parfaitement un dans ses dimensions illimitées, était
apparue pour la première fois à l'esprit humain. Taine
a très bien fait sentir ce que cette apparition, d'une incomparable beauté, eut d'impressionnant, d'enivrant même

pour les natures intellectuelles ; et l'on sent que Taine lui-même, en traitant ce grand sujet, n'échappe pas à l'émotion. Il était, de naissance, un esprit scientifique ; ses idées très précoces sur le déterminisme le prouvent assez.

Cependant, déjà, on peut apercevoir chez lui la sourde activité des tendances qui l'amèneront finalement à professer sur le compte de la science une opinion assez ambiguë. Remarquez, s'il vous plaît, quelle fonction il lui prête ici, en nous la présentant pour la première fois : elle est l'un des deux éléments qui ont constitué le poison dont la vertu malfaisante a fait délirer les hommes de la Révolution. Il a beau dire après cela que la science, en soi et isolée, est parfaitement bonne, c'est tout de même nous faire faire connaissance avec elle sous de douteux auspices ; et il n'en reste pas moins qu'en une certaine combinaison — et qui sait ? peut-être en plusieurs autres (nous verrons cela plus tard) — cette substance, salutaire en soi, peut devenir l'ingrédient trop efficace d'un violent poison.

L'élément qu'il ne faut pas que la science rencontre dans une tête, sous peine de s'amalgamer avec lui, et de produire ainsi l'empoisonnement intellectuel, c'est l'*esprit classique*. Tout lecteur de Taine sait en gros ce que Taine entend par ce terme. Ce qu'on n'a peut-être pas assez remarqué, c'est qu'au règne de l'esprit classique, Taine a, en différents temps, assigné une étendue, une durée très différentes. Au moment où il écrit le livre de *L'ancien régime*, Taine estime que l'esprit classique« naît et meurt entre Malherbe d'un côté et Delille d'autre côté »;

mais auparavant, alors qu'il écrivait l'histoire de la littérature anglaise, il nous a affirmé qu'une certaine manière de raisonner, trop simple, trop élémentaire, était propre à l'homme français ou aux Français de toutes les époques, était par conséquent en lui un trait de race, et par suite encore un trait définitif immuable. Laquelle de ces opinions faut-il accepter ? A prendre celle-ci, qui en date est la première, la conclusion serait grave, car il en résulterait que la science, dans une tête française, peut, par heureuse chance, être une bonne chose, mais peut aussi être tout le contraire ; et cela ne laisse pas que de nous donner une impression inquiétante tant sur le Français, que sur la science elle-même.

*
* *

Si, du concours, de l'accord des divers savoirs, à la fin du xviiie siècle, on peut dire que la *science* naît, que la science existe pour la première fois, on peut dire aussi, suivant Taine, qu'au même moment éclate le premier conflit de la science avec la religion. Et c'est pour Taine l'occasion de nous exprimer, pour la première fois, son sentiment sur le rôle de la religion, sa fonction dans notre monde.

En effet, nos gens du xviiie siècle, endoctrinés par la science, mais imbus d'esprit classique, découvrent tout à coup que les institutions sous lesquelles ils vivent — et parmi lesquelles la religion tient le rang le plus éminent — sont insupportables. Toutes leur semblent marquées au coin de l'injustice ou de la déraison : « Ce qui les conserve, ce qui les soutient encore, c'est purement le préjugé, selon nos gens ». — « Mais, leur réplique Taine, le préjugé héréditaire est une sorte de raison qui s'ignore. Il a ses titres aussi bien que la raison elle-même... *Comme la science*, il a pour source une longue accumulation d'expériences. » — On serait curieux de connaître quelques-unes de ces expériences et de les comparer à ce qu'on appelle de ce nom en science : Taine n'en cite aucune ; il suit son idée et il se met à parler de la religion, en général. « A certains moments, dit-il, des hommes ont saisi par une vue d'ensemble, l'univers infini : la face auguste de la nature éternelle s'est dévoilée tout d'un coup. » — Je me demande si vraiment Taine parle de la religion ; si en parlant de la religion, inconsciemment, il ne songe pas à la science, ne se souvient pas d'elle, de ce qu'il vient d'en dire. — Quoi ! Mahomet, Bouddha, le Christ ont eu une vue d'ensemble par laquelle ils ont saisi l'univers infini ! Taine croit-il à la justesse de leurs vues d'ensemble, lesquelles de Jésus à Bouddha diffèrent assez ? Il croit, nous le savons, au tableau de la nature esquissé par la science ; et d'autre part il déclare que ce tableau de la science diffère absolument du tableau que la religion chrétienne présente de cette même nature : alors quoi ? On se demande comment tout cela s'arrangeait dans l'esprit de Taine.

« La religion est de sa nature un poème métaphysique, accompagné de croyance... A ce titre elle est populaire... La *vérité*, pour devenir sensible, est obligée de revêtir un corps. Il lui faut un culte, une légende, des cérémonies...

Grâce à cette forme palpable, la religion peut contre-balancer l'égoïsme naturel, les passions brutales, emporter la volonté vers l'abnégation et le dévouement, arracher l'homme à lui-même pour le mettre tout entier au service d'autrui, faire des *ascètes* et des martyrs, des sœurs de charité et des missionnaires. Les hommes ont besoin de la religion pour penser l'infini et pour bien vivre. » — Dans ces phrases prestigieuses (1), il y a à prendre et à laisser ; il y a du vrai, mais singulièrement exagéré, étendu et étiré, si l'on peut ainsi parler.

L'erreur, que Taine commet ici, a été commise par beaucoup d'autres. Elle consiste à ne voir de la religion qu'une de ses multiples faces, la plus belle, mais aussi la plus étroite ; et à rédiger d'après cela une formule générale, très fausse en ce qu'elle est très incomplète, et qu'on y dit finalement de tous les hommes ce qui n'est vrai que des meilleurs, et des tout à fait rares. — Que l'homme ait besoin de la religion pour bien vivre, nous débattrons cela tout à l'heure. Qu'il en ait besoin pour penser l'infini est une phrase à effet ; l'immense *majorité des croyants* ne pense au contraire et visiblement que *des êtres très déterminés* et très finis.

*
* *

Quelques années plus tard, examinant les éléments constitutifs du régime moderne et sondant leur solidité, Taine est plus que jamais frappé de la discordance de ces

(1) Je les ai déjà citées ailleurs ; mais j'ai dû les répéter ici.

deux institutions : la religion, la science. Il les pose alors face à face et nous donne sur l'une comme sur l'autre ses opinions ultimes.

Taine en est venu à dire (comme d'autres qui ne sont pas de son bord) : « La science change le monde, mais c'est l'homme qu'il faudrait qu'elle changeât ! Et elle ne le change pas. L'homme est *resté* le même. » Or, je vous le demande, le monde que la science a pouvoir de changer, n'est-ce pas même chose que le *milieu* ? Et Taine n'a-t-il pas dit que le milieu influait gravement sur l'esprit, les œuvres et les actes de l'homme ? Si la science change le milieu et que le milieu change l'homme, l'homme n'est pas resté le même. Si, au contraire, l'homme est resté le même, il faut que le milieu n'exerce aucune influence. Il me semble bien que Taine est tombé dans une contradiction dont il ne s'est pas aperçu. (J'aurai à en relever tout à l'heure une autre.)

Il est évident qu'il y a un homme éternel. C'est l'homme considéré d'une certaine manière, l'homme vu sous le jour d'une forte abstraction. On constate, par exemple, que l'homme, depuis le commencement du monde, n'a toujours que cinq sens, lesquels ont toujours fonctionné *élémentairement* de la même manière ; qu'il est pourvu des mêmes organes intérieurs — pas un de plus — qu'à son début, d'où il suit qu'il a toujours été pressé des mêmes besoins fondamentaux ; et qu'enfin cet homme abstrait, général, éternel, est fondamental ; qu'il est le *substratum* par rapport aux variations que les circonstances de temps et de lieu viennent jeter, comme une draperie superficielle, sur son ossature immuable. — Mais, tout de même... ces variations superficielles, à un certain point de vue, n'en sont pas moins d'une efficacité extrêmement sensible et importante sur les procédés réciproques des hommes entre eux, sur leur façon de se traiter mutuellement — et même sur les sentiments intimes qu'ils éprouvent les uns pour les autres.

Taine observe que, certaines circonstances étant données, une époque de révolution notamment, le sauvage reparaît avec une étrange et terrible promptitude dans le civilisé. Il y a du vrai ; mais aussi il y a du faux, une large — et heureuse — part de faux. Remarquez d'abord que, pour que l'homme civilisé redevienne le sauvage, il faut des conditions spéciales, exceptionnelles et passagères de leur nature, tandis que le sauvage est sauvage tout le temps. Secondement, les civilisés, soumis à l'action néfaste d'une révolution, ne redeviennent pas tous sauvages (M. de Malesherbes, par exemple, et assez d'autres), tandis que, dans une tribu de cannibales, tous sont cannibales au même degré ou à peu près. On pourrait conséquemment dire que les temps révolutionnaires durent chez les sauvages des siècles et des siècles, tandis qu'ils ne sont chez les civilisés qu'un bref moment, et encore un bref moment pour quelques-uns. Si cela ne fait pas pour le philosophe, assis à l'aise devant son bureau, dans un cabinet plein de sécurité, une différence sensible, cela en fait une pour la masse des hommes exposés aux sévices d'un temps de révolution.

Rémarquez comme Taine argumente : « Du sauvage au civilisé, aucune différence intérieure, rien qu'une différence extérieure, apparente, puisque le sauvage reparait parfois dans le civilisé. »

On pourrait tout aussi bien se servir du même argument pour prouver que, de l'animal à l'homme, il n'y a pas, *intimement*, de progression morale ; car l'animal, lui aussi, reparait dans l'homme à de certains moments ; et d'autre part la morale humaine se manifeste déjà dans certains animaux. — Mais... au fait, Taine a descendu cette pente : il nous parle plusieurs fois du gorille lubrique et féroce, que tout civilisé récèle encore immuablement.

Puisque je suis sur ce chapitre de l'homme général, tel qu'il est vu par Taine, je l'achèverai. Au point de vue intellectuel, l'homme, selon Taine, est tout ce qu'il y a de plus fragile. Ce point d'équilibre entre nos facultés mentales, que nous appelons notre raison, est tout à fait instable ; c'est même une *réussite* assez rare : notre cervelle est toujours en instance de produire des concepts fous, ou tout au moins des hallucinations.

Il me semble que Taine exagère quelque peu. Il y a certes parmi nous des fous et des hallucinés, mais ils ne sont pas en majorité. Un homme ordinaire, et même exceptionnel, peut avoir des hallucinations, mais ce ne lui est pas habituel. L'animal homme, s'il était tel que Taine l'imagine, serait moins bien doué que la plupart des animaux supérieurs, qui ne sont ni fous, ni hallucinés, mais bornés dans leurs connaissances et dans leurs facultés de raison, ce qui n'est pas du tout la même chose. Et il aurait péri de bonne heure, parce qu'il ne se serait pas suffisamment adapté aux divers milieux terrestres ; la multiplication de l'espèce humaine, parmi des conditions très diverses, est un fait qui suffit, je crois, à convaincre Taine d'exagération. Nos concepts ne sont jamais tout à fait vrais; nous n'atteignons que des vérités relatives; et par suite nos actions ne sont qu'à peu près ajustées sur la réalité environnante; — et encore ceci: notre vue ne s'étend pas au delà d'un cercle borné; — voilà ce qu'on peut dire de nous; mais, en somme, notre esprit, d'après les résultats, paraît être encore plus en instance de produire des concepts à peu près vrais que des concepts fous.

Au sujet de cet homme général, Taine s'est exprimé souvent avec une sorte de violence contenue : « C'est le gorille féroce et lubrique. » — « C'est le carnivore « primitif qui a des dents comme le chien et le renard et « qui les a enfoncées à l'origine dans la chair d'autrui; et « qui égorge encore, comme à l'origine, pour un morceau « de poisson cru. »

Je vois autour de moi quelques personnes des deux sexes que j'ai peine, je l'avoue, à me représenter en fonction de gorille féroce. J'accorde certes, car cela est trop évident, l'existence encore persistante de l'homme de proie ; mais il y a aussi, incontestablement, des cœurs simples, si tendres qu'on peut les fouler à son aise, qui se laissent faire, ne se défendent pas, de peur de blesser en se défendant; il y a des âmes trop offensées par la vue des souffrances, en qui la sympathie douloureuse devient un état fixe, détachées à la fin d'elles-mêmes, et toujours perdues dans quelque autre. — « Taine, dira-t-on, reconnaît parfaitement l'existence du saint. » — Ce n'est pas assez, je lui demande de reconnaître l'existence du saint laïque : à côté de saint Vincent de Paul qu'il voit, je voudrais qu'il eût vu l'homme prêt à la justice absolue, et aux sacrifices exigés par le bien public, tel qu'un Turgot, un Comte, un Stuart Mill, et la sœur de charité sans costume — car il y en a auprès de celles qui portent l'habit. Et quand je dis qu'il n'a pas vu, entendez plutôt qu'il a oublié de porter en compte ce qu'il avait vu. — Et, je l'ajoute en passant, il ne s'est pas du tout souvenu de ce qu'il avait écrit ailleurs sur la gentry anglaise, éloge abondant et même surabondant, qui fait un effet assez dissonant, quand on le relit après les pages sur le gorille et le carnivore.

Ceux qui prétendent, à la charge de la science, que l'homme est resté le même, prétendent fort souvent, à la louange de la religion, que l'homme a beaucoup changé. Taine a fini par être de ceux-là (1). Il écrit ceci à propos de la religion, considérée en général, ou, comme il l'appelle, de la faculté *mystique* :

« Manifestement, voilà dans l'âme un nouveau moteur « et régulateur, un puissant organe de surcroît, appro- « prié, efficace, acquis par métamorphose et refonte in- « terne, pareil aux ailes dont un insecte est pourvu par « sa mue. En tout organisme vivant, le besoin, par tâ- « tonnements et sélections, produit ainsi l'organe pos- « sible et requis. Dans l'Inde, 4.500 ans avant notre ère,

____

(1) C'est la contradiction que j'avais annoncée précédemment.

« ce fut le Bouddhisme ; dans l'Arabie, 600 ans après notre
« ère, ce fut le Mahométisme ; dans nos sociétés occiden-
« tales, c'est le Christianisme. Aujourd'hui, après dix-
« huit siècles, sur les deux continents, depuis l'Oural
« jusqu'aux Montagnes Rocheuses, dans les moujicks
« russes et les settlers américains, il opère comme autrefois
« dans les pêcheurs de Galilée,... de façon à substituer à
« l'amour de soi l'amour des autres ; ni sa substance, ni
« son emploi n'ont changé ; sous son enveloppe grecque,
« catholique ou protestante, il est encore pour quatre
« cent millions de créatures humaines, l'organe spirituel,
« la grande paire d'ailes indispensable pour soulever
« l'homme au-dessus de lui-même, au-dessus de sa vie
« rampante, de ses horizons bornés, pour le conduire à
« travers la patience, la résignation et l'espérance jusqu'à
« la sérénité, pour l'emporter, par delà la tempérance, la
« pureté et la bonté, jusqu'au dévouement et au sacri-
« fice.

« Toujours et partout, depuis dix-huit cents ans, sitôt
« que ces ailes défaillent ou qu'on les casse, les mœurs
« publiques et privées se dégradent. En Italie, pendant
« la Renaissance, et en Angleterre, sous la Restauration,
« en France, sous la Convention et le Directoire, on a vu
« l'homme se faire païen, comme au premier siècle ; du
« même coup, il se retrouvait tel qu'au temps d'Auguste
« et de Tibère, c'est-à-dire voluptueux et dur. Il abusait
« des autres et de lui-même ; l'égoïsme brutal et calcu-
« lateur avait repris l'ascendant ; la cruauté et la sensua-
« lité s'étalaient ; la société devenait un coupe-gorge et
« un mauvais lieu. — Quand on s'est donné ce spectacle

« de près, on peut évaluer son apport dans nos sociétés
« modernes, ce qu'il y introduit de pudeur, de douceur
« et d'humanité, ce qu'il y maintient d'honnêteté, de
« bonne foi, de justice. Ni la raison philosophique, ni la
« culture artistique et littéraire, ni même l'honneur
« féodal, militaire et chevaleresque, aucun code, aucune
« administration, aucun gouvernement, ne suffit à le
« suppléer dans ce service. Il n'y a que lui pour nous re-
« tenir sur notre pente natale, pour enrayer le glissement
« insensible par lequel incessamment et de tout son poids
« originel notre race rétrograde vers ses bas-fonds ; et le
« vieil évangile, quelle que soit son enveloppe présente,
« est encore aujourd'hui le meilleur auxiliaire de l'instinct
« social. »

Je n'entends pas vider ici en une fois la question si
complexe de l'efficacité des religions. C'est, à tout le
moins, matière à faire un gros livre. Je ne veux qu'ex
primer et justifier l'étonnement que me cause cette opinion
dernière de Taine : « Là où le Christianisme défaille, nous
retombons en barbarie ; là où le Christianisme est présent,
la haute moralité paraît ! »

Comment, historien et logicien de profession, Taine
n'a-t-il pas aperçu le formidable argument qu'on peut
tirer contre lui de cette assez longue série de siècles (du
v° siècle au xii° au moins) où la guerre est partout et est
presque de tous les jours entre les gouvernants, avec un
accompagnement tout à fait luxueux de pillages, d'incendies, de meurtres et de viols ; où, entre les sujets
mêmes et les concitoyens, la vengeance privée sous ses
deux formes, talion ou composition, remplace presque

absolument le redressement judiciaire des injustices privées? Il n'y avait pourtant pas de sceptiques à cette époque, la foi y étant entière et vive. Pourquoi la foi catholique n'a-t-elle pas opéré tout de suite comme Taine avance qu'elle le fait? Pourquoi a-t-on mis sept siècles pour arriver graduellement à un régime plus humain? Vous prétendez que la religion amène tel effet avec elle; la voilà pendant sept siècles sans son effet prétendu. Cela me fait soupçonner que l'effet, à elle attribué, ne lui appartient pas, ou au moins appartient pour une part à d'autres causes, dont le concours est nécessaire. Et alors, finalement, je me demande si ces autres causes ne produisent pas la plus grande part de l'effet, ou même tout l'effet.

Taine encore m'étonne de répéter certaines assertions évidemment fausses. Je l'entends dire après tant d'autres que le Christianisme a détruit l'esclavage. Cela a été si souvent affirmé qu'il semble que cela ait été démontré. Il n'en est pourtant rien. On pourrait le soupçonner, d'après une grave inexactitude qui se trouve déjà dans la formule usitée. Il ne faut pas dire en effet : « Le Christianisme a aboli l'esclavage » mais il faut dire tout au plus « le christianisme a aboli l'esclavage *en Europe* ». Nous avons vu de notre temps toutes les sectes chrétiennes posséder des esclaves sur la terre d'Amérique. Et alors... expliquez nous comment, libérateur en Europe, le Christianisme ne l'a point été à quelques cents lieues de là.

Et voici d'un autre côté que l'effet attribué à la seule religion, je l'aperçois dans une certaine mesure, dans une large mesure, en des lieux d'où la religion, est absente. — Pas n'est besoin d'aller chercher plus loin que Taine lui-même, ou plutôt, Taine pour se détromper n'avait pas besoin de porter son attention au delà de lui-même. Comment ne s'est-il pas dit : « Je ne crois « pas du tout au Christianisme ; je n'appartiens à aucune « de ses chapelles. Et cependant je ne suis pas retombé « en sauvagerie, pas même en paganisme. D'où vient « cela? D'une certaine culture générale qui produit en « moi l'effet que j'attribuais à la religion. Mais si en moi, « pourquoi pas en d'autres, en tout homme qui est ou qui sera demain trempé dans la même culture? »

Tout lecteur, un peu lettré, est en mesure d'ajouter à cet exemple de Taine un certain nombre d'autres exemples individuels... Remarquez que ces exemples n'ont pas besoin d'être nombreux pour poser le problème. Une seule exception suffirait à la rigueur pour nous permettre de dire à Taine : « Comment expliquez-vous ce phénomène? »

Je produirai à l'encontre de Taine, non pas une *affirmation* péremptoire, ce n'est pas le lieu, mais une conjecture, que la vue sommaire des choses suggère, et qui paraît au moins plausible à bien d'autres, comme à moi.

Cette conjecture, la voici : L'homme est devenu un être moral parce qu'il est un animal qui a vécu séculairement en troupes, en sociétés, parce qu'il est un animal *grégaire*.

Une première preuve, non, si vous voulez, une première présomption, c'est que l'animal, non humain, mais grégaire (fourmis, abeilles, castors, singes, etc.), a déjà de la moralité à notre façon ; cela incontestablement — et avant toute religion. D'où il suit que le *premier*, le fondamental principe de notre moralité, paraît être l'habitude contractée de vibrer à l'unisson d'un autre, la faculté acquise de sympathiser avec ses semblables.

Le principe second, surajouté, postérieur quant à son développement, serait cet ensemble d'idées que nous nommons raison, équité, réciprocité : idées suggérées d'abord par la simple perception des ressemblances physiques et morales qui nous relient ensemble ; *affermies ensuite par l'expérience des limites que chacun de nous se doit imposer, si nous voulons que dure l'existence en commun ; or, nous le voulons, car nous ne haïssons rien tant que l'isolement, sachant que c'est pour nous la mort.*

Quand on parcourt l'histoire d'un regard non prévenu, on croit bien voir que l'équité — laquelle est probablement la maîtresse pièce de la moralité humaine — monte et s'abaisse selon le flux croissant ou décroissant de la sympathie. En tel temps, à Athènes aussi bien que sous la tente des Scythes, tout homme étranger à la cité est un ennemi. C'est pourquoi l'Athénien ne se reconnaît, ne se sent tenu envers cet homme à aucune obligation, à aucun de ces devoirs de justice, grands ou petits, qu'il confesse avoir, même quand il ne les observe pas, envers ses compatriotes. Mais aussi tel temps arrive où l'Athénien perçoit dans l'étranger une similitude essentielle avec lui-même, la qualité commune d'homme ; et dès lors, sympathique ou sympathisant, il répugne à maltraiter cet étranger ; et enfin il reconnaît et sent qu'il a envers lui des *obligations d'humanité*. Et je ne vois pas, avec certitude, que la religion athénienne soit l'unique cause de ce changement heureux.

Là où la sympathie fait défaut, la religion, aucune religion ne la remplace, ne la supplée. — « Oui, mais la religion est elle-même un « principe de sympathie. » — Cela n'est pas niable ; mais d'abord, il n'est pas plus niable qu'elle est aussi un principe d'antipathie ; elle l'a montré dans l'histoire avec un funèbre éclat. Protestants et catholiques, si proches cependant par la doctrine, se sont livrés, convenons-en, à des massacres mutuels, remarquables par un degré supérieur de férocité. — Et en second lieu, l'espèce de sympathie qui dérive de la coreligion paraît assez faible de sa nature. Au Moyen Age, entre nations européennes, la communauté de religon existait complète encore ; et la communauté de clergé, de police religieuse ; et la subordination à un même et unique chef religieux. Or tout cela n'a pas réussi à créer le moins du monde l'accord international ; assez de guerres en font foi. A l'heure qu'il est, l'interconnaissance des littératures, des musiques, des travaux scientifiques qui se produisent chez les divers peuples, nous paraît être en train de créer chez nombre d'hommes une « âme européenne ». — Renan, imbu des travaux exégétiques et linguistique de l'Allemagne, était à moitié Allemand, sans cesser d'être un Français ; d'autres (parmi lesquels je m'avoue) sont Anglais en partie, grâce à Mill, à Spencer, ou à Dickens, Thackeray, etc.

*
* *

Si la moralité humaine n'a pas les fondements que
nous lui supposons(à vrai dire, nous les supposons fortement), si, au contraire, elle est fondée, comme Taine l'affirme, sur la religion, je vois la moralité humaine en
grand danger dans l'avenir. Et cette fois j'ai la chance
de me rencontrer d'accord avec Taine. En effet il convient de deux choses : 1° Le tableau du monde, de la condition humaine, de la destinée universelle, que la science
présente aux esprits, et celui qu'à l'opposite présente à
ces mêmes esprits la religion, diffèrent du tout au tout.
2° Les masses désertent le parti de la religion, elles qui
ont particulièrement *besoin* d'un principe moralisateur.

Taine conçoit donc de très sérieuses appréhensions
pour la moralité future des masses humaines ; et il a
bien raison, et il est strictement logique, étant donnée sa
conviction sur les sources de la moralité.

*
* *

Cependant il ne s'abandonne pas à un pessimisme absolu ; il lui reste un espoir ; et cet espoir il l'appuie sur
une thèse qui, je le confesse, me paraît un peu obscure et
décousue.

« Chez le protestant, dit-il, l'opposition des deux tableaux n'est ni extrême ni définitive. Sa foi, qui lui
donne l'Écriture pour guide, l'invite à lire l'Écriture dans
le texte *original*, *par suite* (?) à s'entourer pour la bien

lire, de tous les secours dont on s'aide pour vérifier et entendre un texte ancien, linguistique, philologie, histoire
générale et particulière. Ainsi la foi prend la science pour
auxiliaire. Selon les diverses âmes, le rôle de l'auxiliaire
est plus ou moins ample ; il peut donc se proportionner
aux facultés et aux besoins de chaque âme, par suite
s'étendre indéfiniment ; et l'on entrevoit dans le lointain
un moment ou les deux collaboratrices, la foi *éclairée* et
la science respectueuse, peindront ensemble le même tableau dans deux cadres différents. »

Parlons sans figure ; il y a des protestants qui appren-
nent d'abord le grec, assez bien pour lire l'Écriture sainte
dans le texte original. D'autre part, ils se munissent de
connaissances en linguistique, philologie, critique, psychologie, histoire générale et particulière, dont ils s'ai-
dent pour interpréter le texte en question. — Combien
sont-ils, ces protestants ? Combien compte-t-on de ces
exégètes, pour des millions de protestants absorbés par
leurs besognes journalières ?

Voyez l'argumentation de Taine : chez les catholiques,
la science en descendant dans les cerveaux populaires s'y
déforme (?) et y produit l'irréligion, parce que la science
offre à ces cerveaux un tableau du monde autre que celui
de la religion. — Ce déplorable résultat n'a pas lieu chez
les protestants, parce que quelques protestants lisent
l'Écriture en grec, et en s'assistant de beaucoup de philologie, etc.

Je me demande comment la philologie, même accom-
pagnée de la linguistique et de l'histoire, peut faire produire à l'Écriture sainte un tableau du monde, conforme

à celui de la science physique ? Ni la linguistique, ni l'histoire ne nous renseignent sur la constitution physique de l'univers ; pas plus que, de leur côté, la cosmographie, l'astronomie ne nous renseignent sur les facultés de l'esprit humain ou l'évolution de l'histoire. « Un jour la foi *éclairée* (j'aurais été curieux d'entendre Taine s'expliquer sur cet adjectif) et la science *respectueuse* » (même observation pour celle-ci) peindront un même tableau, dans des *cadres différents*. — Très bien, mais dites-nous finalement si ce tableau sera celui de la science ou celui de la religion ; ou s'il sera mi-partie ; et dites-nous encore en quoi consistera la différence des cadres.

En somme, Taine estime que la science est dangereuse pour les esprits populaires, parce que dans ces esprits-là elle se « déforme ». Nous aurions voulu savoir ce que Taine entend par cette métaphore. Pour mon compte je ne le devine pas. Vous exposez à un esprit populaire notre système solaire, le mouvement de la terre et des autres planètes autour du soleil, etc. ; quelle déformation cela peut-il subir ? C'était à dire. Il me semble que cela est saisi par ledit esprit ou n'est pas saisi ; que cela y entre tel quel ou n'y entre pas du tout. Je puis me tromper sur ce point ; je le répète, Taine aurait dû être plus explicite, et laisser de côté le parler métaphorique. Il estime la religion absolument bienfaisante pour ce même esprit populaire. Et il estime qu'il en est ainsi d'après les caractères qu'il a attribués à la religion. Rappelez-vous qu'elle est une vue d'ensemble de l'univers, un poème métaphysique, etc. Je crois

voir à mon tour que cette doctrine, si haute, n'entre pas
telle quelle dans l'esprit populaire ; ou plutôt qu'il y entre,
à la place, des concepts moins relevés. Taine paraît ignorer
qu'il y a des dévôts qui prient saint Druon, lequel aide les
enfants à faire leurs dents, saint Antoine de Padoue, qui
fait retrouver les objets perdus (dévotion très répandue à
cette heure), saint Roch, qui veille sur la santé des
bœufs et des moutons, etc. Mais non, il n'ignore pas, il
oublie, il veut oublier. Et prenant sur lui de purifier la
religion, de l'expurger de toute superstition, cons-
truisant en réalité une religion à sa guise, il suppose
très arbitrairement cette religion commune à tous les
esprits, fût-ce les plus bas, alors que c'est tout au plus
si elle se rencontre dans quelques intelligences tout
à fait exceptionnelles. Avoir étendu à tous les êtres
humains ce qui est le fait de quelques personnes très
rares, telle est, à mon avis, l'erreur manifeste de
Taine.

Un fait certain, c'est qu'en un assez grand nombre
d'individus (le plus souvent des femmes, des adolescents,
des hommes du peuple) la libre pensée se présente avec
des allures qui sont quelque peu déplaisantes, même à
des gens qui sont, eux aussi, mais autrement, libres penseurs. Pourquoi à ceux-ci ceux-là déplaisent-ils ? c'est
parce qu'ils font ostentation et vanité de leur in-
croyance : visiblement ils se tiennent pour supérieurs à
quiconque croit, quand même ce croyant serait Pasteur
en personne. Cette conviction les rend dédaigneux, suffisants, intolérants au moins en paroles, sinon de fait.
Cette fâcheuse attitude est-elle l'effet de la science qui,

entrant en leur esprit, s'y est *déformée*, selon l'imprudente métaphore de Taine?

On ne voit pas clairement que la science *déformée* doive produire forcément l'incrédulité ; tandis qu'au contraire cela apparaît très nettement de la science à l'état pur. Rappelez-vous ce qu'en dit Taine : La science présente à l'esprit un tableau de la nature qui diffère totalement du tableau offert par la religion. Or le tableau de la science a pour lui que sa vérité est démontrable par un genre de preuve auquel l'esprit humain cède, et cédera toujours, à la longue, j'entends *des prédictions qui se réalisent* (comme dans le cas des éclipses). La religion n'a rien de pareil à offrir à l'esprit humain. Tôt ou tard elle restera aux yeux de tous atteinte et convaincue d'avoir fait un faux tableau.

Quant à moi, je crois voir, au contr[illegible] d'incrédulité, dont il s'agit ici, est l'effet [illegible] science. Ces trop fiers incroyants ne sav[illegible] liberté d'esprit, ce n'est pas à la force [illegible] qu'ils la doivent ; qu'elle n'est pas leur conquête propre, mais une imitation, une copie, un snobisme, une *moutonnerie*. Ils ne savent pas qu'au fond ils sont de moins fermes incrédules qu'ils ne se l'imaginent.

Ils ne savent pas qu'ils ne sauraient donner de leur incrédulité des raisons suffisantes, la plupart du temps ; surtout ils ne savent pas pourquoi quantité d'esprits supérieurs ont professé ou professent encore ces croyances « méprisables » et n'en restent pas moins des esprits supérieurs, et leurs supérieurs. — Tout cela qu'ils ignorent, il faut le leur enseigner. Si on réussit à le leur apprendre, il est vraisemblable que cet indispensable et salutaire savoir opèrera en eux, comme il opère en ces libres penseurs que nous voyons exempts d'ostentation et d'intolérance — « mais réussira-t-on ? » Je ne vois pas qu'il y ait une raison sérieuse d'en douter. Cela relève évidemment de l'art de l'éducation. Supposez, si vous voulez, que cet art n'est pas encore assez avancé pour produire l'effet que nous en attendons ; demain ou après demain, il le sera ; c'est une espérance parfaitement autorisée par le train général des arts pratiques.

Bref, le problème qui préoccupe Taine et dont il crut apercevoir la solution dans l'intervention future d'un protestantisme chimérique est tout uniment le problème de l'école future.

Pendant des siècles les hommes ont cru que toute la morale avait pour source unique le dogmatisme religieux. Il en résulte, qu'aujourd'hui beaucoup d'hommes, devenus bon gré mal gré incrédules à ce dogmatisme, ne savent plus trop que penser au sujet de la morale. Sûrs de leur honnêteté personnelle, ils se demandent quelquefois si elle n'est pas une duperie, mais bien plus souvent ils doutent de l'honnêteté des autres, ils doutent de l'avenir de la moralité dans les sociétés futures. Ces timorés ont à apprendre que la morale ne court aucun risque.

La nature humaine, qui l'a faite, la refera toujours ; car l'humanité s'inspirant de ses besoins divers, a fait, non pas comme trop de gens se l'imaginent, ses *morales* en suite de ses religions ; mais les religions qu'elle avait faites d'abord en dehors de toute préoccupation morale, elle les a mises au service de ses *morales*. On n'a pas pensé, en premier lieu, que Jupiter était juste, que Junon était chaste et, en second lieu qu'à cause de cela l'homme devait être juste et la femme fidèle : c'est là une marche incompréhensible (1), — à moins d'admettre que Jupiter et Junon sont venus en personne expliquer leurs caractères (encore les hommes auraient-ils eu quelque peine à les comprendre, si eux-mêmes n'avaient eu déjà quelque idée de ces vertus).

Taine, certes, n'ait jamais allé jusqu'à croire qu'un Dieu quelconque soit venu converser avec nous ; il n'en a pas moins éprouvé des appréhensions qui ne sont fondées que sur cette superstition.

(1) Et démentie d'ailleurs par la science historique.

CONCLUSION

Taine, je crois, apporta en naissant ce que j'appellerai volontiers une nature de mécontent, ou autrement dit de pessimiste. De très bonne heure, à quinze ans, il est en réaction, en protestation contre son milieu. C'est à sa religion, à la religion de sa famille, de ses entours, qu'il s'en prend d'abord.

Mais à cet âge, il n'y a pas de pessimisme complet, ni même sans compensation d'espérance; Taine cherche et trouve peu après dans les pays voisins un motif d'optimisme, un objet d'attachement : c'est Spinosa en Hollande, en Allemagne Hegel. Le voilà déjà un xénophile, je dirais un exotique (si cela se disait); j'entends un esprit enclin à la prédilection pour les choses et les personnes extérieures à son milieu.

Cette prédilection, qui s'était tournée vers l'Allemagne, dans le temps où Taine s'intéressait principalement à la philosophie, aux spéculations métaphysiques, prend bientôt sa direction vers une autre contrée ; elle se tourne vers l'Angleterre.

Est-ce le contact avec l'Angleterre qui déplace l'intérêt, la curiosité de Taine, qui de la métaphysique reporte son intérêt sur la morale et simultanément sur la littérature, dans laquelle il découvre tout à coup un témoin véridique des choses historiques? Est-ce au contraire parce que de métaphysicien il est devenu moraliste, que Taine se déprend de l'Allemagne pour s'éprendre de l'Angleterre? Taine lui-même n'aurait peut-être pas pu trancher cette question avec certitude. Tenons-nous en au fait : Taine se voue aux observations psychologiques et tout à l'heure auxiliairement à l'étude des sciences naturelles; et il se délecte déjà dans des œuvres de critique littéraire ou de description pittoresque, en même temps qu'il devient décidément anglophile.

Quand a-t-il commencé à prendre un intérêt sérieux aux questions politiques ? est-ce dès lors, et l'Angleterre y a-t-elle été pour quelque chose ? Assurément un esprit attentif à toute manifestation importante de l'activité humaine, un esprit large, comme Taine l'avait, ne pouvait pas rester tout à fait indifférent aux questions politiques. Totalement indifférent, en effet, il ne le fut jamais; mais il fut singulièrement incertain dans le début (à un âge où l'on est souvent le contraire), et il resta longtemps incertain, en doute sur ses sentiments dans cet ordre de faits. Cela est on ne peut plus remarquable, car, sans conteste, Taine fut ce qu'on appelle un *assuré* ; philosophe d'abord, puis critique littéraire, plus tard psychologue, plus tard encore politique spéculatif, Taine a manifesté une confiance également inébranlable dans toutes les conceptions successives qu'il s'est formées ; or, nous avons vu ses doutes, quand pour la première fois il fut appelé à exprimer son opinion par le vote.

S'il a semblé hostile à l'Empire, dans les premières années de son professorat, ce n'est pas qu'à vrai dire il eut un parti pris pour ou contre une forme de gouvernement, c'est que comme moraliste il blâmait le coup de violence par lequel l'Empire s'était établi, et que jaloux de l'indépendance de son esprit, il se trouvait blessé qu'on lui demandât un serment quelconque. Ce qui met au point son hostilité d'alors, c'est que peu après il entra sans scrupule dans une certaine intimité avec la princesse Mathilde et qu'il accepta de l'Empire la chaire de l'Ecole des Beaux-Arts ; ce que n'aurait point fait un républicain ou un légitimiste ou un orléaniste résolu. Au reste, il a lui-même expliqué pourquoi non seulement il n'avait pas alors d'opinion ferme sur la forme du gouvernement, mais pourquoi il se croyait tenu à n'en pas avoir. Il devait selon lui accomplir préalablement un très long travail, avant d'être autorisé par sa conscience à prendre un parti. On a pu dire que ses scrupules étaient excessifs et qu'au prix dont il fallait selon lui payer la conquête d'une opinion politique, presque personne ne se soucierait d'en avoir ; reste que ces scrupules lui font incontestablement honneur.

C'est dans l'*Histoire de la Littérature anglaise* qu'on rencontre les premiers signes d'une opinion politique en train de se constituer dans l'esprit de Taine. Il semble bien qu'il soit devenu attentif, intéressé aux formes politiques parce qu'il est devenu admirateur du génie anglais, sous toutes ses formes, y comprises en dernier lieu les formes politiques de ce génie. Toutefois, notons-le bien, la préoccupation des choses politiques reste chez lui, relativement faible pendant une première période qui va jusqu'en 1870. (Jusqu'à l'âge de 42 ans.)

Mais voici 1870, la guerre avec l'Allemagne, nos défaites, le démembrement — puis la guerre civile, la Commune. Quel ébranlement dans l'esprit de Taine! Personne, à coup sûr, n'en éprouva un plus profond, puisque, à partir de là, cet esprit aux multiples affections intellectuelles, aux desseins diversifiés, se voue tout entier à un seul projet, ramasse tous ses efforts, concentre toutes ses puissances sur un seul ouvrage de politique qui l'occupera exclusivement jusqu'à sa mort. Cet admirateur du génie anglais, cet esprit sévère pour notre génie à nous Français, se montre à ce moment ce qu'il est en réalité, français autant que personne, puisque l'entreprise à laquelle il dévoue tout le restant de sa vie est un laborieux et long ouvrage d'où sortira, Taine l'espère fermement, quelque conseil secourable, quelque leçon efficace pour le relèvement de sa patrie.

Taine, je viens de le dire, comparant sous Napoléon III le cours de notre histoire et son aboutissement contemporain (des révolutions successives et finalement un régime fort peu libéral) avec la longue tranquillité, la stabilité visible et les libertés de l'Angleterre, avait conçu déjà (de nombreux passages de son *Histoire de la Littérature anglaise* en témoignent) une médiocre opinion du Français, en tant qu'esprit politique. La Commune, qui le frappa au moins aussi vivement que la défaite militaire, ne pouvait que renforcer ce sentiment. Ce fut naturel, ce fut logique, mais ce fut très malheureux pour l'ouvrage que Taine entreprenait, car, il apporta à cet ouvrage une prévention inconsciente et une sourde prévision des conclusions finales, tandis qu'il se flattait d'y venir avec l'esprit libre, l'esprit neutre d'un savant, uniquement soucieux de vérité.

*
* *

Il me semble voir toutes ses thèses sortir, comme naturellement, d'une perpétuelle confrontation de la France avec l'Angleterre : de la France tantôt turbulente et trop agitée, tantôt trop obéissante, avec l'Angleterre qui va d'un pas égal et sûr, toujours active dans le calme et la liberté. La première explication qu'il trouve de ce contraste, c'est la différence de race, différence qui impose aux deux émules une manière différente de former deux des concepts élémentaires de l'esprit (1). Poursuivant ces différences primordiales dans leurs effets consécutifs, il croit voir que l'Anglais a l'esprit historique, c'est-à-dire le respect, le *préjugé* de la tradition, ce qui fait qu'il ne

(1) Voir la préface de l'*Histoire de la littérature anglaise.*

touche qu'avec précaution, réserve et gradation lente
à ses institutions, qu'il se défie des plans spécieux, des
ambitieuses réformes conçues par le pur esprit de
raison. L'Anglais a pour maxime que les constitutions ne se font pas, qu'elles deviennent, comme un
végétal que la nature spéciale du sol et du climat
poussent jusqu'à ses dernières dimensions. Par son
respect pour les choses du passé, l'Anglais a compris
le rôle que pouvait encore jouer de nos jours son
aristocratie, et il l'a conservée. A son tour, l'aristocratie a entretenu le peuple dans l'attachement aux
institutions locales, dans la défiance d'un pouvoir
central trop fort et trop peu contrebalancé ou contenu. Rien de cette prudence, de cette sagesse chez les
Français ; tout y est donné à l'esprit de raison, ambitieux, hasardeux, révolutionnaire, impatient des institutions anciennes, inintelligent des services que
l'ancienne aristocratie peut rendre, dominé par la
passion de l'égalité, de la simplification, de l'unifica-
tion ; par suite enclin à se soumettre facilement à un
pouvoir central, même absolu.

Toutes les thèses de Taine (exception faite pour
deux ou trois, que je qualifierai d'excentriques) sont
des développements ou des variations sur ce fond-là,
ou sont des conseils pratiques qui en ont été déduits.

L'influence de l'histoire d'Angleterre s'est accordée
avec le caractère natif de l'homme, pour faire de
Taine un libéral et plus précisément encore un décen-
tralisateur résolu (Le moment aussi, après 1870, y fut
pour quelque chose.) Quelques-uns diront de Taine,

« c'est un réactionnaire » ; — un antidémocrate, j'y consens ; mais un réactionnaire, c'est discutable. Il faudrait s'entendre sur cette chose qu'on appelle — le libéralisme. Pour mon compte, je la définis la sainte crainte du gouvernement fort, oppresseur de l'indépendance, de l'initiative individuelle. D'après cette définition, il est clair que Taine fut un libéral, et le resta toute sa vie. Or, je dis qu'un libéral ne peut être qualifié de réactionnaire. Pourquoi ? La raison en est simple. Le libéralisme, appréhension du gouvernement fort, du gouvernement hostile à l'indépendance, à l'initiative des individus et des corps collectifs, n'est pas du tout chose ancienne, sentiment propre au passé, à l'ancien régime ; tant s'en faut ; c'est à peine chose actuelle ; loin d'être un état de sentiment maintenant dépassé et en arrière de nous, c'est à peine si la plupart des hommes l'ont atteint.

Après cela, Taine n'a eu ni respect, ni confiance dans le suffrage universel ; c'est certain. En cela, il s'accorde avec le plus grand nombre des têtes les plus pensantes du siècle dernier, il faut bien l'avouer.

Pour mon compte, j'admets qu'on puisse être démocrate, sans avoir foi dans la sagesse des multitudes (elle n'est pas absolument manifeste). Mais, le sentiment démocratique, le vrai, me semble consister plutôt dans la conscience de la solidarité qui nous lie tous, depuis l'intelligence la plus haute jusqu'à la plus humble. Celui, en qui cette conscience réside, ne fait pas comme Taine, il n'assigne pas pour *unique* but à la politique la liberté individuelle, si précieuse soit-elle ; il pense à ceci : que les trois quarts et demi des hommes de labeur matériel, qui sont ses semblables d'abord et de plus les facteurs — volontaires, involontaires, peu importe — de tout ce qui le fait vivre physiquement et moralement même, vivent encore, pour leur propre compte, dans des conditions matérielles et morales, telles que le bourgeois, le plus optimiste, quand il en parle et qu'il philosophe sur le sort du peuple, redoute extrêmement pour lui-même de tomber au niveau de ces conditions et n'accepte pas l'idée d'y voir tomber ses enfants.

Donc le *solidaire*, le démocrate, dont je parlais tout à l'heure, se dit qu'il y a encore un autre but à atteindre par delà la liberté politique ; il se dit que chacun de nous est tenu de coopérer à la construction graduelle d'un régime social plus équitable et d'un milieu plus clément.

Et maintenant, avouons-le, Taine libéral mais conservateur trop exclusivement, trop vivement, ému d'appréhension pour les aises acquises de la classe la mieux pourvue, économiquement parlant, est resté aveugle ou indifférent devant le sort, à coup sûr insuffisant, que la société actuelle fait encore aux multitudes laborieuses. Il n'a vu de ces multitudes que l'aspect menaçant ; il a totalement fermé ses yeux sur leur côté malheureux. Et le sociologue — auquel nous devons toujours revenir avec lui, de par la logique de notre dessein — s'est assez mal trouvé de ses craintes partiales. Il n'a pas été ce qu'il croyait être, un sociologue pur, uniquement mû par l'esprit scientifique, marchant à la conquête de la vérité, sans regards soucieux jetés de côté ou en avant vers les suites possibles de cette vérité : disons le mot, il a été un sociologue de *classe*. De là les fausses couleurs dont notre passé national s'est finalement revêtu à ses yeux. De là les fantômes effrayants que son imagination anxieuse a projetés sur la route de notre avenir. Certes, nous ne devons pas espérer de ne rencontrer sur cette route que des fées secourables ; on peut penser que de méchants génies nous y attendent et qu'il faudra les vaincre ; mais, déjà nous les avons entrevus et nous savons que ces puissances malfaisantes ne sont pas du tout celles dont Taine nous prédisait l'agression.

———

Au moment où ce livre-ci s'imprimait, les notes si intéressantes de M. Chevrillon paraissaient dans la *Revue des Deux-Mondes*. Ces notes ont mis en pleine lumière les deux traits qui constituent le plus beau côté peut-être de la figure de Taine, ce libéralisme dont je parlais tout à l'heure, et ce patriotisme d'espèce rare, ce patriotisme austère et d'une sévérité utile, où l'on sent au fond la souffrance d'un amour qui se voudrait plus d'estime pour son objet.

———

TABLE DES MATIÈRES

—

Lacombe.   18

LIVRE II

LE RÉGIME MODERNE